BULLETIN OFFICIEL

DE

L'ILE DE LA RÉUNION.

(N° 37.)

DÉCEMBRE 1862.

N° 1278. — *CIRCULAIRE au sujet des rapports du Consul anglais avec les engagés indiens sujets de S. M. Britannique.*

Paris, le 23 Avril 1862.

Monsieur le Gouverneur,

Vous m'avez transmis, par votre lettre du 4 mars dernier, une communication par laquelle M. le Consul d'Angleterre à la Réunion propose diverses mesures, à l'effet de faciliter les rapports des Indiens sujets de S. M. Britannique avec le Consulat anglais. Il demande que les engagistes soient tenus de délivrer des permis d'absence dont il établit lui-même le modèle, à tous ceux de leurs travailleurs qui auraient à lui adresser des réclamations, et il propose de ne soumettre qu'à la simple retenue de salaires autorisée par la loi les Indiens auxquels ce permis aurait été refusé et qui se seraient néanmoins rendus au Consulat britannique.

Un avis public serait transmis dans ce sens aux juges de paix dans les quartiers.

Dans la réponse que vous avez adressée à M.

le Consul d'Angleterre vous avez déclaré qu'il vous paraissait impossible, dans l'intérêt de la discipline et du bon ordre des ateliers, de contraindre les engagistes à délivrer eux-mêmes un permis d'absence à tous ceux de leurs travailleurs qui le solliciteraient, et que les syndics institués par nos règlements pour veiller aux intérêts des immigrants devaient être exclusivement chargés de délivrer de pareilles autorisations. Vous avez ensuite reconnu la convenance de ne soumettre qu'à une simple retenue de gages, sans obligation de remplacer le temps d'absence par des journées supplémentaires, les Indiens qui se rendraient au Consulat britannique pour y faire valoir des réclamations dont la légitimité serait reconnue par l'autorité compétente; mais qu'on ne saurait accorder une pareille faveur aux Indiens de mauvaise foi.

Je partage votre opinion sur la faculté exclusive qui doit être attribuée aux syndics de délivrer des permis d'absence aux engagés. Le règlement général publié dans nos diverses colonies sur le régime des immigrants a institué ces agents comme tuteurs des travailleurs étrangers, ce que M. Hay Hill semble complètement ignorer ou perdre de vue. Ce règlement dispose expressément (article 59) que les syndics viseront le passeport des immigrants ayant à faire valoir des droits hors des limites de leurs circonscriptions. Or, nos règlements doivent être observés en tout ce qu'ils n'ont pas de contraire à la convention spéciale que nous avons conclue avec le Gouvernement anglais le 1er juillet 1861.

Mais, d'un autre côté, cette convention doit être scrupuleusement exécutée dans toutes ses dispositions, et nos propres règlements doivent être modifiés, s'il en est besoin, pour se mettre en harmonie avec le traité anglais.

Dans l'espèce, les droits du Consul anglais et

ceux des Indiens sont clairement définis par la convention. Il est dit dans cet acte (article 29) : « Les immigrants sujets de S. M. Britannique « jouiront dans les colonies françaises de la fa« culté d'invoquer l'assistance des agents consu« laires britanniques au même titre que tous les « autres sujets relevant de la Couronne britan« nique, et conformément aux règles ordinaires « du droit internationnal ; *et il ne sera apporté « aucun obstacle à ce que l'engagé puisse se rendre « chez l'agent consulaire et entrer en rapport avec « lui ;* le tout sans préjudice, bien entendu, des « obligations résultant de l'engagement. »

Il est de toute évidence que nous nous sommes engagés, par ces stipulations, à accorder aux Indiens toute liberté pour se rendre chez le Consul anglais, qu'une demande de leur part, à cet égard, ne peut jamais être refusée, et qu'ainsi le syndic, qui devra délivrer le passeport, n'est pas libre, comme l'article 59 du règlement général paraissait lui en laisser la faculté, d'accorder ou de refuser l'autorisation. Cette autorisation, aux termes de la convention, doit toujours être accordée. Le patronage dont nos règlements investissent les syndics doit avoir pour effet de rendre les réclamations plus rares. Mais, dès que cette réclamation se produit et demande à être portée devant le Consul anglais, nous ne pouvons pas l'empêcher de suivre son cours.

Toutefois, le droit de réclamation doit être exercé sans qu'il soit porté préjudice aux obligations résultant de l'engagement. Or, d'après la convention (article 9, § 1er) et le décret du 13 février 1852 (article 6), l'engagé qui interrompt volontairement son travail doit : 1° remplacer le temps d'absence par un nombre de jours égal à celui de l'interruption ; 2° subir une privation de salaire pour chaque jour d'absence ; 3° si la cessation de travail a lieu sans motif légitime, subir, à titre de dommages-intérêts, la retenue d'une seconde journée de salaire; 4° enfin, aux termes de l'article 29, § 2, du règlement de la Martinique dont les bases sont, aux termes de la convention, applicables à toutes nos colonies, l'engagé absent illégalement peut être déposé dans une maison de police et renvoyé à la disposition de la justice et de l'autorité administrative.

Personne ne peut nous contester la libre application de ces dispositions, et il n'y a lieu de prendre vis-à-vis du Consul anglais aucun engagement sur la manière dont devront être traités les Indiens se rendant au Consulat britannique pour faire valoir leurs réclamations. En tout état de cause, et quel que soit le motif de son absence, l'engagé qui abandonne l'atelier doit remplacer le temps d'absence et perdre en outre son salaire pendant tout le temps de son éloignement. Je ne m'explique donc pas la concession que vous avez faite à ce sujet, en vous montrant disposé à exempter les Indiens dont les plaintes seraient reconnus fondées, de l'obligation de remplacer le temps d'absence.

Cette obligation est de droit commun. Les engagés placés dans ce dernier cas pourront seulement échapper à une aggravation de peine et être exemptés du paiement des dommages-intérêts.

J'appelle votre attention sur les considérations qui précèdent et je vous engage à en tenir compte dans vos rapports avec le Consul anglais et pour l'adoption des mesures que pourra nécessiter la police de l'immigration.

Recevez, etc.

Comte P. de Chasseloup-Laubat.

N° 1279.—*CIRCULAIRE ministérielle relative aux courtiers, agents de change, courtiers en marchandises, etc. etc.; de la Réunion.*

Paris, le 12 Juin 1862.

Monsieur le Gouverneur,

Par décret en date du 4 juin 1862, le nombre des courtiers, agents de change, courtiers en marchandises, courtiers interprêtes et conducteurs de navires, courtiers d'assurances, est fixé à dix-sept pour la Réunion Quatorze de ces offices sont de création ancienne et sont pourvus de titulaires, trois nouveaux offices ont été institués pour répondre à un besoin que vous m'avez vous-même signalé. Ils ne sont, à proprement parler, qu'un démembrement de fonctions autrefois cumulées et qu'il convient de scinder si l'on veut que l'industrie des assurances maritimes puisse prendre racine dans le pays.

J'ai nommé, sur votre demande, M. Gabriel Potier courtier agent de change à Saint-Pierre, (circonscription comprenant Saint-Leu, Saint-Louis, Saint-Pierre, Saint-Joseph et Saint-Philippe), et M. A. Chassagne fils courtier d'assurances maritimes à Saint-Denis. Quand vous jugerez utile de pourvoir aux autres offices de courtiers d'assurances, vous aurez à me faire des propositions en faveur des candidats qui rempliront les conditions exigées. Vous voudrez bien établir un ordre de priorité et me transmettre vos propositions.

Je vous prie de pourvoir à la promulgation du décret concernant les agents de change et courtiers de la Réunion dont vous trouverez ci-joint copie. Je vous envoie également copie des arrêtés ministériels qui nomment MM. Potier et Chassagne fils, avec les lettres de notification que vous voudrez bien leur faire remettre.

Comte P. de Chasseloup-Laubat.

N° 1280. — *CIRCULAIRE ministérielle aux Gouverneurs des colonies ; Officiers généraux, supérieurs et autres commandants à la mer ; Commandant de la marine en Algérie, portant instructions au sujet des demandes de matériel pour les besoins des bâtiments en cours de campagne, des stations navales et des magasins de prévoyance dans les colonies.*

Paris, le 8 Juillet 1862.

Messieurs,

L'examen des demandes d'objets de matériel qui me sont faites pour les bâtiments en cours de campagne, les stations navales ou les magasins du service métropolitain dans les colonies, m'a donné lieu de remarquer que l'on ne se conforme pas exactement aux prescriptions tracées par mes prédécesseurs, notamment par les circulaires du 31 octobre 1850 et du 12 février 1855.

Il importe de suivre des règles uniformes qui, en facilitant l'appréciation des demandes de cette nature, permettent aux ports chargés des envois de satisfaire aussi complètement que possible aux besoins qui sont signalés.

Je crois donc devoir vous rappeler les instructions qui vous ont été déjà adressées à ce sujet, en les complétant de nouvelles recommandations, dont l'expérience m'a fait reconnaître l'utilité.

Les demandes de matériel me sont souvent adressées trop tardivement. On ne doit pas attendre, pour signaler les besoins, que l'approvisionnement soit déjà à peu près épuisé, car il s'écoule toujours un temps assez long avant que les envois puissent parvenir à destination, lors même que les distances sont peu considérables. Il arrive fréquemment, d'ailleurs, que les occasions manquent ou tardent à se présenter.

Il est important que les demandent soient établies d'une manière très-précise ; que les numéros de la nomenclature générale des matières soient indiqués en regard de chaque article ; que les états contiennent les renseignements les plus explicites sur la destination des objets, sur leurs formes, leurs dimensions, et qu'ils soient accompagnés de croquis cotés, toutes les fois qu'il s'agit d'objets confectionnés, de formes variables.

J'ai constaté aussi que les demandes de matériel sont généralement exagérées et basées non pas tant sur les besoins réels que sur les fixations du règlement d'armement ; or ces fixations, calculées dans la supposition de chances de navigation très-défavorables, constituent un *maximum* auquel les consommations ne doivent jamais atteindre, à moins de circonstances extraordinaires. Si on les prend pour règle absolue, il peut en résulter soit une certaine prodigalité dans les consommations, soit de notables déchets dans les matières conservées à bord ou dans les magasins, soit encore une surcharge inutile pour les bâtiments.

Il y a lieu de rentrer à cet égard dans les voies d'une économie sage et bien entendue, en limitant les demandes aux quantités réellement nécessaires pour assurer le service.

Je désire par suite, afin d'être en mesure d'apprécier les besoins, que les états de demande d'objets de matériel pour les stations navales, pour les bâtiments en cours de campagne ou pour les magasins de prévoyance des colonies, donnent, *pour chaque article*, les renseignements suivants :

La consommation pendant l'année précédente, ou pendant les six derniers mois si l'armement n'est pas plus ancien ;

La situation de l'existant au moment où la demande est formée ;

La quantité allouée par le règlement d'armement pour les bâtiments en vue desquels la demande est faite, et pour une période de six, de douze ou de vingt-quatre mois, suivant le plus ou moins de facilité des ravitaillements;

La quantité réellement nécessaire pour la même période, défalcation faite des ressources de l'approvisionnement, des achats sur place et des envois attendus;

L'encombrement approximatif du matériel demandé, d'après les tarifs d'arrimage de la marine;

Enfin les motifs qui s'opposent à ce que le ravitaillement se fasse dans la localité.

Les états dont il s'agit devront aussi mentionner, sur la feuille de titre, le nom, le rang et la catégorie des bâtiments composant les stations navales ou pour lesquels les objets de matériel sont demandés.

Les états seront divisés, suivant l'ordre du règlement d'armement, par article de maître.

J'ai fait arrêter au surplus un modèle d'état dont vous trouverez ci-après un spécimen. Je vous en enverrai plus tard des exemplaires.

Veuillez donner des ordres pour que l'on se conforme à ce cadre, en tenant compte des recommandations qui précèdent.

Les états de demande de matériel devront toujours m'être transmis en *triple expédition*, sous le timbre de la direction du matériel, bureau des approvisionnements généraux. Deux expéditions seront jointes au primata de la lettre d'envoi, la troisième au duplicata. Je désire que ces documents me soient adressés régulièrement, autant que possible, dans le courant du premier trimestre de chaque année.

Recevez, Messieurs, l'assurance de ma considération très-distinguée.

Le Ministre Secrétaire d'Etat de la marine et des colonies,

Comte P. DE CHASSELOUP LAUBAT.

NOTA. Cet état devra être transmis en triple expédition sous le timbre de la direction du matériel, bureau des approvisionnements généraux; deux expéditions seront jointes au primata de la lettre d'envoi, la troisième au duplicata. L'envoi devra en être fait régulièrement, autant que possible, dans le courant du 1er trimestre de chaque année.

(Circulaire du 8 juillet 1862, Bulletin officiel, n° 1280, page 660.)

ANNÉE 18

MARINE ET COLONIES.

SERVICE

DES APPROVISIONNEMENTS GÉNÉRAUX

DE LA FLOTTE.

(1)

ÉTAT

DE DEMANDE D'OBJETS DE MATÉRIEL.

Nom et rang des bâtiments en vue desquels la demande est faite (2)...... { Le
Le
Le

(1) Indiquer la colonie, la station, la division navale, ou le nom du navire quand la demande est faite pour un bâtiment naviguant isolément.

(2) Si la demande est faite pour une division ou pour un magasin de prévoyance établi dans les colonies dans le but de pourvoir aux besoins d'une station navale, indiquer le nom et le rang de chacun des bâtiments qui composent cette division ou station.

NUMÉROS de LA NOMENCLATURE par unité		DÉSIGNATION DES MATIÈRES ET OBJETS. Nota. Avoir soin de diviser les objets par article de maître, suivant l'ordre du règlement d'armement.	ESPÈCE de L'UNITÉ.	QUANTITÉS CONSOMMÉES pendant l'année précédente. (1)	QUANTITÉS ALLOUÉES par le règlement d'armement pour le ou les bâtiments en vue desquels la demande est faite.	EXISTANT au 18 (2)	QUANTITÉS réellement nécessaires pour une période de mois, défalcation faite de l'existant, des achats sur place et des envois attendus. (3)	OBSERVATIONS		QUANTITÉS EXPÉDIÉES en vertu de la dépêche du par le (5) parti de le
collective	simple.							DU SERVICE qui fait la demande. Nota. Quand des dessins, croquis, devis, etc. seront joints à la demande, on devra l'indiquer dans cette colonne en regard de chacun des articles auxquels ils se rapporteront. (4)	DU PORT ou service expéditeur.	

(1) Ou pendant le temps écoulé depuis l'armement, s'il est moindre d'une année.
(2) Date à laquelle l'état de demande est adressé.
(3) Cette quantité doit être établie pour une période de 6, de 12 ou de 24 mois, suivant le plus ou moins de facilité des ravitaillements.

(4) Indiquer dans cette colonne les motifs qui s'opposent à ce que l'achat des objets se fasse dans la localité.
(5) Indiquer le nom et le rang du bâtiment transporteur, ainsi que le port d'où il a été expédié et la date de son départ.

Marine.—1453. G.—Approv[ts] généraux de la flotte.—3. G. (1862.)—Interc. (LXIII.)

Arrêté le présent état à   articles, formant un encombrement total de   tonneaux, calculé d'après le tableau annexé au décret du 25 août 1861, relatif à la composition du tonneau d'affrétement. (*Bulletin officiel*, n° 37, page 279.)

A   , le   18

Le

N° 1281. — *CIRCULAIRE ministérielle ayant pour objet l'utilité de placer des paratonnerres à bord des navires du commerce.*

Paris, le 19 Août 1862.

M....., j'ai été récemment informé que deux marins avaient péri foudroyés, dans l'espace d'une nuit d'orage, à bord d'un navire du commerce qui se rendait de Toulon à Saïgon.

Ce déplorable accident n'eût sans doute pas eu lieu si le navire avait été muni de paratonnerres. Cette précaution si simple est trop souvent négligée dans notre marine marchande; et, certes, il y a lieu de s'en étonner, si l'on songe de combien de dangers la foudre menace non seulement les personnes embarquées, mais même les intérêts pécuniaires des armateurs, en raison des incendies qu'elle peut allumer. Une telle négligence devient surtout impardonnable à bord des navires affectés au transport de nombreux passagers, tels que ceux qui font des opérations d'émigration pour les colonies françaises. Là, en effet, l'agglomération des individus d'une part, et de l'autre les conditions climatériques des mers tropicales où cette navigation s'effectue, augmentent le péril dans des proportions considérables.

Je vous invite donc, Messieurs, à signaler aux chambres de commerce et aux officiers visiteurs de vos circonscriptions maritimes respectives l'utilité de placer des paratonnerres à bord des bâtiments de commerce. Il faudrait d'ailleurs, pour obtenir une protection efficace, que chaque navire en comptât autant que de mâts verticaux.

Recevez, etc.

Le Ministre Secrétaire d'Etat de la marine et des colonies,

Comte P. de Chasseloup-Laubat.

N° 1282. — DÉPÊCHE *ministérielle relative au traitement de non-activité de M. N..... Commissaire-adjoint de la marine à la Réunion.*

Paris, le Septembre 1862.

Monsieur le Gouverneur,

Par décision en date du 12 octobre 1861, M. N......, commissaire-adjoint de la marine de 1re classe, qui appartenait au cadre de la colonie de la Réunion, a été mis, sur sa demande, en non-activité pour infirmités temporaires.

Il m'a été rendu compte que des hésitations se sont produites dans l'administration locale, relativement à la fixation du traitement de cet officier supérieur du Commissariat.

Il ne saurait, cependant, exister aucun doute à cet égard. M. N...... n'ayant pas été maintenu dans la Colonie par les exigences du service, mais bien par des considérations personnelles, ne saurait prétendre à l'allocation de la moitié du supplément colonial dont il jouissait quand il avait droit à une solde d'activité. Une telle doctrine constituerait une fausse interprétation des dispositions qui font l'objet du 3e § de l'article 113 du décret du 19 octobre 1851.

Quant à la quotité du traitement à allouer à M. N....., elle doit être fixée *sur le pied de la 2e classe,* conformément au paragraphe 2 du même article qui ne comporte aucune exception.

Enfin, en ce qui concerne la retenue qu'il y a lieu d'exercer sur le traitement de M. N....., pour les journées passées à l'hôpital dans la position de non-activité, cette allocation est fixée, *dans les colonies, pour les officiers en non-activité, à trois francs par jour.* (1)

Je ne terminerai pas sans vous faire remarquer

(1) Cette prescription a soulevé des doutes qui ont été soumis au Ministre par lettre spéciale.

que le Chapitre 15 — Dépenses temporaires, n'est appelé, dans aucun cas, à supporter les frais de traitement des officiers admis dans les hôpitaux.

Veuillez, je vous prie, faire porter le contenu de la présente dépêche à la connaissance de l'administration de la colonie de la Réunion, pour qu'il soit, s'il y a lieu, opéré tels redressements que de droit, dans les paiements qui ont pu être effectués au titre de la solde de non-activité de M. le Commissaire-adjoint N.......

Recevez, etc.

Le Ministre Secrétaire d'État de la marine et des colonies,

Comte P. DE CHASSELOUP-LAUBAT.

N° 1283. — *CIRCULAIRE ministérielle relative aux lignes des paquebots de l'Indo-Chine et du Brésil, rappelant les règles à suivre en ce qui concerne l'établissement des réquisitions de passages, le classement des passagers appartenant au département de la marine et des colonies.*

Paris, le 10 Octobre 1862.

Messieurs,

Au moment où la compagnie des services maritimes des messageries impériales va inaugurer la ligne des paquebots appelés à desservir les différents ports de l'Indo-Chine, je crois utile de vous rappeler les règles à suivre, en ce qui concerne l'établissement des réquisitions de passage et le classement, à bord, des passagers appartenant au département de la marine et des colonies.

Les ordres d'embarquement ou réquisitions de passage à délivrer par les autorités compétentes, ayant pour objet de justifier le montant des frais de passage et de nourriture dus à la compagnie, doivent, pour l'établissement du décompte des frais de nourriture, présenter exactement les dates d'embarquement et de débarquement des passagers, et indiquer la place à laquelle ils ont droit.

Il est indispensable, en outre, qu'indépendamment du nom, des prénoms, du grade ou de l'emploi, ces réquisitions relatent la date et le timbre (direction et bureau) de la dépêche ministérielle, ou l'ordre de l'autorité en vertu de laquelle les passagers sont embarqués, ainsi que le lieu de destination, le motif du déplacement et l'imputation de la dépense.

Il convient aussi de ne pas porter sur une même réquisition des passagers appartenant à des services différents, et, pour éviter toute confusion à cet égard, il y a lieu d'établir une réquisition pour chaque passager embarqué, excepté, bien entendu, pour ceux qui sont accompagnés de leur famille et les détachements de militaires et de marins pour lesquels il suffira de porter les effectifs par grade et par arme.

D'un autre côté, je crois devoir vous indiquer les règles à suivre pour le classement des passagers à bord, par suite des aménagements spéciaux des paquebots de la ligne de l'Indo-Chine.

Il ne vous échappera pas que, en dehors des places d'entrepont qui sont destinées aux sous-officiers et aux marins, il n'existe, à bord de ces paquebots, qu'une seule classe de passagers, pour lesquels il a été stipulé trois prix différents selon la catégorie de la cabine.

Il convient, par suite, de ranger dans la première catégorie les officiers généraux et les fonctionnaires prenant rang avec eux ;

Dans la deuxième catégorie les officiers supérieurs des divers corps de la marine et les fonctionnaires assimilés ;

Et dans la troisième catégorie les lieutenants

de vaisseaux, les enseignes, les aspirants et les officiers et agents assimilés des autres corps ou services.

Enfin, il demeure entendu que les sous-officiers, bien que compris dans les passagers d'entrepont, seront admis à la table des maîtres (article 33 du cahier des charges).

Les dispositions qui précèdent sont, en tous points, applicables aux paquebots de la ligne du Brésil avec correspondance sur Gorée.

Veuillez, je vous prie, donner des instructions en conséquence à l'administration placée sous vos ordres, et lui prescrire de ne faire aucun paiement aux agents de la compagnie des services maritimes des messageries impériales, qui doit être payée à Paris du montant de tous les frais de passage qui lui sont dus par le Département de la marine et des colonies.

Recevez, etc.

Le Ministre Secrétaire d'État de la marine et des colonies,

Comte P. DE CHASSELOUP-LAUBAT.

N° 1284. — Par dépêche du 4 novembre 1862, S. N°. (Personnel — Subsistances — Hôpitaux et Chiourmes.)

S. Exc. le Ministre invite l'Administration coloniale à imputer au budget métropolitain (Chapitre IV — Hôpitaux) les frais d'un traitement hydrothérapique subi par un officier du Commissariat en non-activité dans un établissement appartenant à un particulier, et prescrit, à raison de la dépense résultant de pareils traitements, de n'envoyer à l'avenir des malades du service Marine dans les établissements privés que d'après une décision spéciale et motivée prise par le Gouverneur et dont copie doit être adressée au Département.

N° 1285. — ***DÉPÊCHE** ministérielle au sujet de l'ouvrage de M. le Lieutenant de vaisseau Bridet intitulé : Etude sur les ouragans de l'hémisphère austral, etc.*

Paris, le 20 Novembre 1862.

Monsieur le Gouverneur,

Plusieurs commandants de nos bâtiments ont appelé mon attention sur l'ouvrage de M. le Lieutenant de vaisseau Bridet, intitulé : *Etude sur les ouragans de l'hémisphère austral ; Manœuvres à faire pour s'en éloigner et se soustraire aux avaries qu'ils peuvent occasionner.*

En vue de répandre le plus possible l'usage de cette publication dans la Marine, je vous prierai de donner des ordres pour qu'il en soit acheté, au compte du Chapitre 16, deux cents exemplaires qui devront être expédiés par la voie la plus prompte à Paris, après toutefois en avoir réservé un nombre d'exemplaires suffisant pour en délivrer à tous les bâtiments de guerre actuellement à la Réunion ou qui pourraient y relâcher à une époque rapprochée.

Dans le cas où l'exécution de cette disposition vous paraîtrait devoir souffrir de longs retards, ou bien s'il ne se trouvait pas à Saint-Denis un nombre suffisant d'exemplaires, je vous prierais de vous informer et de me faire connaître le plus tôt possible si les conditions de la publication de cet ouvrage ne s'opposeraient pas à ce que le dépôt de la Marine fût autorisé à le réimprimer et à le classer parmi les documents hydrographiques délivrés réglementairement par cet établissement.

Recevez, etc.

Le Ministre Secretaire d'Etat
de la marine et des colonies,

Comte P. DE CHASSELOUP-LAUBAT.

Nº 1286. — *CIRCULAIRE ministérielle concernant les réclamations du Gouvernement anglais relativement aux Indiens rebutés à leur arrivée à la Réunion.*

Paris, le 25 Novembre 1862.

Monsieur le Gouverneur,

Le Gouvernement anglais vient de réclamer contre les mesures adoptées à la Réunion à l'égard des émigrants indiens qui, à leur arrivée dans la Colonie, sont jugés impropres à un travail régulier. Ces individus sont laissés entre les mains du représentant de l'agent d'émigration, qui les place généralement à un salaire inférieur à celui qu'ils comptaient recevoir au moment où ils ont quitté l'Inde. Le Gouvernement anglais, se fondant sur l'article 21 de la convention de 1861, demande que ces individus soient immédiatement rapatriés, ou qu'ils soient engagés au taux du salaire qui a été convenu dans l'Inde.

Des instructions dans ce sens ont été adressées par lui au Consul britannique à la Réunion.

Je me suis efforcé de combattre cette prétention, et j'ai demandé que l'Indien qui, à son arrivée dans la Colonie, ne serait pas jugé apte, en raison de son état physique, à recevoir un salaire aussi élevé que les autres, fût laissé libre d'opter entre son rapatriement ou son maintien dans la Colonie avec un salaire inférieur. Cependant, on ne peut se le dissimuler, la réclamation du Gouvernement anglais a un certain fondement, en ce sens que, jusqu'à présent, l'option n'a peut-être pas été laissée aux immigrants. Il y a évidemment des mesures à prendre pour remédier à cette situation, et tout d'abord, il faut s'appliquer à diminuer le nombre de ces rebuts qui se sont élevés depuis quelque temps à une centaine d'individus par convoi. A cet effet, la plus grande attention doit être apportée au départ, dans le choix des immigrants; leur aptitude physique doit être discutée contradictoirement, et un salaire gradué, selon les forces et la santé de l'individu, doit être accordé à l'émigrant et inséré dans le contrat d'engagement, l'Indien restant naturellement libre de ne pas partir si le salaire offert ne lui convient pas.

Il est permis d'espérer que, cette précaution prise, le nombre des émigrants rebutés deviendra fort restreint, et dans ce dernier cas, j'espère que le Gouvernement anglais adhèrera à ce que l'Indien soit laissé libre de demander son rapatriement ou de consentir à recevoir un salaire inférieur. Je vous écrirai ultérieurement à ce sujet. Mais, si le plus grand soin doit être apporté dans le choix des émigrants, il importe également de se départir de toute rigueur excessive dans la réception des engagés, car je ne crois pas que le Gouvernement anglais abandonne la défense de ce principe, qui me parait juste, à savoir qu'un coulie engagé dans l'Inde à un salaire déterminé d'après ses forces physiques, ne doit pas subir, à son arrivée, une réduction sur ce salaire. C'est au départ, et non à l'arrivée, que la discussion des conditions de l'engagement doit avoir lieu; une exception ne peut être tolérée que pour des cas exceptionnels. J'écris à ce sujet à M. le Gouverneur de l'Inde.

Le Ministre de la marine et des colonies,

Comte P. de Chasseloup-Laubat.

N° 1287. — Décret.

NAPOLÉON, par la grâce de Dieu et la volonté nationale, Empereur des Français,

A tous présents et à venir, salut:

Vu la loi des 9-13 août 1791;

Vu l'article 225 du Code de commerce;
Vu le décret du 28 mai 1858;
Le Conseil d'amirauté entendu,
Sur le rapport de notre Ministre de la marine et des colonies,

AVONS DÉCRÉTÉ ET DÉCRÉTONS ce qui suit:

Art. 1er. A dater du 1er juin 1863, les bâtiments de la Marine impériale, ainsi que les navires du commerce, seront assujettis aux prescriptions ci-après, qui ont pour objet de prévenir les abordages.

Dans les règles qui suivent, tout navire à vapeur qui ne marche qu'à l'aide de ses voiles est considéré comme navire à voiles; et tout navire dont la machine est en action, quelle que soit sa voilure, est considéré comme navire à vapeur.

Règles relatives aux feux et aux signaux en temps de brume.

2. Les feux mentionnés aux articles suivants doivent être portés, à l'exclusion de tous autres, par tous les temps, entre le coucher et le lever du soleil.

3. Les navires à vapeur, lorsqu'ils sont en marche, portent les feux ci-après:

(A) *En tête du mât de misaine*, un feu placé de manière à fournir un rayonnement uniforme et non-interrompu dans tout le parcours d'un arc horizontal de 20 quarts du compas, qui se compte depuis l'avant jusqu'à deux quarts en arrière du travers de chaque bord, et d'une portée telle qu'il puisse être visible à 5 milles au moins de distance par une nuit sombre, mais sans brume.

(B) A tribord, un feu vert établi de façon à projeter une lumière uniforme et non interrompue sur un arc horizontal de 10 quarts du compas, qui est compris entre l'avant du navire, et 2 quarts sur l'arrière du travers à tribord, et d'une portée telle qu'il puisse être visible à 2 milles au moins de distance, par une nuit sombre, mais sans brume.

(c) A bâbord, un feu rouge construit de façon à projeter une lumière uniforme et non interrompue sur un arc horizontal de 10 quarts du compas, qui est compris entre l'avant du navire, et 2 quarts sur l'arrière du travers à bâbord, et d'une portée telle qu'il puisse être visible à 2 milles au moins de distance, par une nuit sombre, mais sans brume.

(d) Ces feux de côté sont pourvus, en dedans du bord, d'écrans dirigés de l'arrière à l'avant, et s'étendant à 0 m. 90 en avant de la lumière, afin que le feu vert ne puisse pas être aperçu de bâbord avant, et le feu rouge de tribord avant.

4. Les navires à vapeur, quand ils remorquent, doivent, indépendamment de leurs feux de côté, porter deux feux blancs verticaux en tête de mât, qui servent à les distinguer des autres navires à vapeur. Ces feux sont semblables au feu unique de tête de mât que portent les navires à vapeur ordinaires.

5. Les bâtiments à voiles, lorsqu'ils font route à la voile ou en remorque, portent les mêmes feux que les bâtiments à vapeur en marche, à l'exception du feu blanc du mât de misaine, dont ils ne doivent jamais faire usage.

6. Lorsque des bâtiments à voiles sont d'assez faible dimension pour que leurs feux verts et rouges ne puissent pas être fixés d'une manière permanente, ces feux sont néanmoins tenus allumés sur le pont à leurs bords respectifs, prêts à être montrés instantanément à tout navire dont on constaterait l'approche, et assez à temps pour prévenir l'abordage.

Ces fanaux portatifs, pendant cette exhibition, sont tenus autant en vue que possible et présentés de telle sorte que le feu vert ne puisse être aperçu de bâbord avant, et le feu rouge de tribord avant.

Pour rendre ces prescriptions d'une application plus certaine et plus facile, les fanaux sont peints extérieurement de la couleur du feu qu'ils contiennent et doivent être pourvus d'écrans convenables.

7. Les bâtiments tant à voiles qu'à vapeur, mouillés sur une rade, dans un chenal ou sur une ligne fréquentée, portent, depuis le coucher jusqu'au lever du soleil, un feu blanc placé à une hauteur qui n'excède pas 6 mètres au-dessus du plat-bord et projetant une lumière uniforme et non interrompue tout autour de l'horizon à la distance d'au moins un mille.

8. Les bateaux pilotes à voiles ne sont pas assujettis à porter les mêmes feux que ceux exigés pour les autres navires à voiles ; mais ils doivent avoir en tête de mât un feu blanc visible de tous les points de l'horizon, et de plus montrer un feu de quart d'heure en quart d'heure.

9. Les bateaux de pêche non pontés et tous les autres bateaux également non pontés ne sont pas tenus de porter les feux de côté exigés pour les autres navires; mais ils doivent, s'ils ne sont pas pourvus de semblables feux, se servir d'un fanal muni sur l'un de ses côtés d'une glissoire verte, et sur l'autre d'une glissoire rouge, de façon qu'à l'approche d'un navire ils puissent montrer ce fanal en temps opportun pour prévenir l'abordage, en ayant soin que le feu vert ne puisse être aperçu de bâbord, et le feu rouge de tribord.

Les navires de pêche et les bateaux non pontés qui sont à l'ancre ou qui, ayant leurs filets dehors, sont stationnaires, doivent montrer un feu blanc.

Ces mêmes navires et bateaux peuvent, en outre, faire usage d'un feu visible à de courts intervalles, s'ils le jugent convenable.

Signaux en temps de brume.

10. En temps de brume, de jour comme de nuit, les navires font entendre les signaux suivants toutes les cinq minutes au moins, savoir :

(A) Les navires à vapeur en marche, le son du sifflet à vapeur qui est placé en avant de la cheminée à une hauteur de 2 m. 40 au-dessus du pont des gaillards ;

(B) Les bâtiments à voiles, lorsqu'ils sont en marche, font usage d'un cornet ;

(C) Les bâtiments à vapeur et à voiles, lorsqu'ils ne sont pas en marche, font usage d'une cloche.

Règles relatives à la route.

11. Si deux navires à voiles se rencontrent courant l'un sur l'autre, directement ou à peu près, et qu'il y ait risque d'abordage, tous deux viennent sur tribord, pour passer à bâbord l'un de l'autre.

12. Lorsque deux navires à voiles font des routes qui se croisent et les exposent à un abordage, s'ils ont des amures différentes, le navire qui a les amures à bâbord manœuvre de manière à ne pas gêner la route de celui qui a le vent de tribord; toutefois, dans le cas où le bâtiment qui a les amures à bâbord est au plus près, tandis que l'autre a du largue, celui-ci doit manœuvrer de manière à ne pas gêner le bâtiment qui est au plus près. Mais si l'un des deux est vent arrière ou s'ils ont le vent du même bord, le navire qui est vent arrière ou qui aperçoit l'autre sous le vent, manœuvre pour ne pas gêner la route de ce dernier navire.

13. Si deux navires sous vapeur se rencontrent courant l'un sur l'autre, directement ou à peu près, et qu'il y ait risque d'abordage, tous deux viennent sur tribord, pour passer à bâbord l'un de l'autre.

14. Si deux navires sous vapeur font des routes qui se croisent et les exposent à s'aborder, celui qui voit l'autre par tribord manœuvre de manière à ne pas gêner la route de ce navire.

15. Si deux navires, l'un à voiles, l'autre sous vapeur, font des routes qui les exposent à s'aborder, le navire sous vapeur manœuvre de manière à ne pas gêner la route du navire à voiles.

16. Tout navire sous vapeur qui approche un autre navire de manière qu'il y ait risque d'abordage, doit diminuer sa vitesse ou stopper et marcher en arrière, s'il est nécessaire. Tout navire sous vapeur doit, en temps de brume, avoir une vitesse modérée.

17. Tout navire qui en dépasse un autre gouverne de manière à ne pas gêner la route de ce navire.

18. Lorsque, par suite des règles qui précèdent, l'un des deux bâtiments doit manœuvrer de manière à ne pas gêner l'autre, celui-ci doit néanmoins subordonner sa manœuvre aux règles énoncées à l'article suivant.

19. En se conformant aux règles qui précèdent, les navires doivent tenir compte des dangers de la navigation. Ils auront égard aux circonstances particulières qui peuvent rendre nécessaire une dérogation à ces règles afin de parer à un péril immédiat.

20. Rien dans les règles ci-dessus ne saurait affranchir un navire, quel qu'il soit, ses armateurs, son capitaine ou son équipage, des conséquences d'une omission de porter des feux ou signaux, d'un défaut de surveillance convenable ou, enfin, d'une négligence quelconque des précautions commandées par la pratique ordinaire de la navigation ou par les circonstances particulières de la situation.

21. Le présent décret abroge, à partir du 1er juin 1863, le décret du 28 mai 1858 concernant

l'éclairage de nuit des bâtiments à voiles et à vapeur et des signaux de brume.

22. Notre Ministre de la marine et des colonies est chargé de l'exécution du présent décret qui sera inséré au *Bulletin des lois*.

Fait au Palais de Saint-Cloud, le 25 octobre 1862.

NAPOLÉON.

Par l'Empereur :

Le Ministre de la marine et des colonies,

Comte P. de Chasseloup-Laubat.

N° 1288. — ***ARRÊTÉ** portant nomination d'un membre du Conseil général.*

Du 2 Décembre 1862.

Nous Gouverneur de l'île de la Réunion,

Vu l'article 4 de l'arrêté du 25 décembre 1854 qui détermine le mode d'élection des conseillers généraux dont la désignation est réservée aux membres des conseils municipaux ;

Vu notre arrêté du 28 novembre dernier portant convocation pour le 1er décembre courant du Conseil municipal de Saint-Paul à l'effet de procéder à la nomination d'un conseiller général en remplacement de M. Wislez, démissionnaire ;

Vu le procès-verbal des opérations électorales;

Attendu que ces opérations sont régulières ;

Sur le rapport du Directeur de l'intérieur,

Le Conseil privé entendu,

Avons arrêté et arrêtons :

Art. 1er. M. Henri Hoarau de La Source, élu par le Conseil municipal de Saint-Paul, est déclaré membre du Conseil général en remplacement de M. Wislez, démissionnaire.

2. Le Directeur de l'intérieur est chargé de l'exécution du présent arrêté, qui sera publié et inséré au *Bulletin officiel* de la Colonie.

Saint-Denis, le 2 décembre 1862.

Baron DARRICAU.

Par le Gouverneur :

Le Directeur de l'Intérieur,

CH. DE LAGRANGE.

N° 1289. — *ARRÊTÉ portant autorisation de la société de secours mutuels de Saint-Pierre.*

Du 4 Décembre 1862.

NOUS GOUVERNEUR DE L'ILE DE LA RÉUNION,

Vu l'article 9 du sénatus-consulte du 3 mai 1854 ;

Vu la demande de M. Serrade, président de la Société ouvrière et industrielle de Saint-Pierre;

Vu les statuts de la dite société ;

Sur le rapport du Directeur de l'intérieur,

AVONS ARRÊTÉ ET ARRÊTONS:

Art. 1er. La société de secours mutuels établie à Saint-Pierre, sous le titre de *Société ouvrière et industrielle*, est autorisée.

Les statuts de la dite société, annexés au présent arrêté, sont approuvés.

2. Dans le cas où cette société s'écarterait du but de son institution et de la stricte observation des ses statuts, la présente autorisation serait retirée.

3. Le Directeur de l'intérieur est chargé de

l'exécution du présent arrêté, qui sera publié, enregistré où besoin sera et déposé au Contrôle colonial.

Saint-Denis, le 4 décembre 1862.

Baron DARRICAU.

Par le Gouverneur :

Le Directeur de l'Intérieur,

CH. DE LAGRANGE.

N° 1290. — *ARRÊTÉ qui institue une commission pour la visite des officines et magasins de pharmacie et la vérification de la qualité des drogues et médicaments.*

Du 4 Décembre 1862.

NOUS GOUVERNEUR DE L'ILE DE LA RÉUNION,

Vu l'article 18 de l'arrêté du 3 mars 1819 sur la Commission de santé;

Vu la lettre de M. le Médecin en chef en date du 28 novembre dernier;

Sur la proposition du Directeur de l'intérieur,

AVONS ARRÊTÉ ET ARRÊTONS :

Art. 1er. Une commission composée de :

MM. Coquerel, chirurgien de la marine de 1re classe, docteur médecin;

Bories aîné, pharmacien de la marine de 1re classe;

Le Siner, docteur médecin, adjoint du maire de Saint-Denis,

Le commissaire de police municipale,

est chargée de visiter les officines et magasins de pharmacie pour vérifier la qualité des drogues et médicaments simples et composés.

2. La dite commission opérera conformément

aux dispositions prescrites par l'arrêté sus-visé.

Elle dressera un procès-verbal de ses opérations, lequel sera transmis à M. le Directeur de l'intérieur par M. le Médecin en chef.

3. Le Directeur de l'intérieur est chargé de l'exécution du présent arrêté, qui sera publié et inséré au *Bulletin officiel* de la Colonie.

Saint-Denis, le 4 décembre 1862.

Baron DARRICAU.

Par le Gouverneur:

Le Directeur de l'Intérieur,

CH. DE LAGRANGE.

N° 1291. — *ARRÊTÉ portant promulgation du décret impérial du 2 septembre 1862, qui rend exécutoire dans les colonies l'article 1er de la loi du 26 mars 1855 sur la contrainte par corps, et du décret du même jour qui rend exécutoire dans les mêmes établissements l'ordonnance du 16 mai 1835 sur les appels relatifs aux séparations de corps.*

Du 4 Décembre 1862.

NOUS GOUVERNEUR DE L'ILE DE LA RÉUNION,

Vu l'article 9, § 2, du sénatus-consulte du 3 mai 1854;

Vu l'article 63 de l'ordonnance organique du 21 août 1825;

Vu les dépêches du 7 octobre dernier, numérotées 459 et 460;

Vu les décrets du 2 septembre 1862;

Sur le rapport du Procureur général,

AVONS ARRÊTÉ ET ARRÊTONS ce qui suit :

Art. 1er. Sont promulgués à la Réunion :

1° Le décret du 2 septembre 1862, rendant

exécutoire aux colonies l'article 1er de la loi du 26 mars 1855 sur la contrainte par corps;

2° Le décret du 2 septembre 1862, rendant exécutoire aux colonies l'ordonnance du 16 mai 1835 sur les appels relatifs aux séparations de corps.

2. Le Procureur général est chargé de l'exécution du présent arrêté, qui sera lu, enregistré et publié partout où besoin sera.

Fait à Saint-Denis, le 4 décembre 1862.

Baron DARRICAU.

Par le Gouverneur :

Le Procureur Général,

JUSTIN BERET.

Enregistré à la Cour impériale le 5 décembre 1862.

Décret

Du 2 Septembre 1862.

NAPOLÉON, par la grâce de Dieu et la volonté nationale, Empereur des Français,

A tous présents et à venir, salut.

Sur le rapport de notre Ministre Secrétaire d'Etat de la marine et des colonies;

Vu les articles 6 et 8 du sénatus-consulte du 3 mai 1854;

Vu l'avis du Comité consultatif des colonies en date du 9 juillet 1862,

AVONS DÉCRÉTÉ ET DÉCRÉTONS ce qui suit:

Art. 1er. Est déclaré applicable aux colonies l'article 1er de la loi du 26 mars 1855, ainsi conçu:

« Le paragraphe n° 5 de l'article 781 du Code « de procédure civile est remplacé par la disposition suivante:

« N° 5. — Dans une maison quelconque, mê-

« me dans son domicile, à moins qu'il n'ait été « ainsi ordonné par le juge de paix du lieu, le« quel juge de paix devra, dans ce cas, se trans« porter dans la maison avec l'officier ministériel, « ou déléguer un commissaire de police. »

2. Lorsque, dans l'un des quartiers de la Colonie, il n'existera pas de commissaire de police, ce magistrat sera remplacé par l'officier de police ou par l'agent chargé d'en remplir les fonctions.

3. Notre Ministre Secrétaire d'Etat de la marine et des colonies est chargé de l'exécution du présent décret, qui sera inséré au *Bulletin des lois*.

Fait au Palais de St-Cloud, le 2 septembre 1862.

NAPOLÉON.

Par l'Empereur :

Le Ministre Secrétaire d'Etat de la marine et des colonies,

Comte P. DE CHASSELOUP-LAUBAT.

Vu pour l'engistrement à la Cour impériale :

Le Gouverneur,

Baron DARRICAU.

Par le Gouverneur :

Le Procureur Général,

JUSTIN BERET.

Décret

Du 2 Septembre 1862.

NAPOLÉON, par la grâce de Dieu et la volonté nationale, Empereur des Français,

A tous présents et à venir, salut.

Vu les articles 6 et 8 du sénatus-consulte du 3 mai 1854 ;

Vu l'avis du comité consultatif des colonies en date du 6 août 1862;

Sur le rapport de notre Ministre Secrétaire d'Etat de la marine et des colonies,

AVONS DÉCRÉTÉ ET DÉCRÉTONS ce qui suit :

Art 1er. L'ordonnance du 16 mai 1835, sur les appels relatifs aux séparations de corps, est rendue exécutoire dans les colonies de la Martinique, de la Guadeloupe, de la Réunion, de la Guyane, du Sénégal et de l'Inde.

2. Notre Ministre Secrétaire d'Etat de la marine et des colonies est chargé de l'exécution du présent décret, qui sera inséré au *Bulletin des lois.*

Fait au Palais de Saint-Cloud, le 2 septembre 1862.

NAPOLÉON.

Par l'Empereur:

Le Ministre Secrétaire d'État de la marine et des colonies,

Comte P. DE CHASSELOUP-LAUBAT.

Vu pour l'enregistrement à la Cour.

Baron DARRICAU.

Par le Gouverneur :

Le Procureur Général,

JUSTIN BERET.

Ordonnance du Roi

Qui modifie l'article 22 du règlement du 30 mars 1808, en ce qui touche les appels relatifs aux séparations de corps.

LOUIS-PHILIPPE, etc.

Sur le rapport de notre Garde des sceaux, Ministre Secrétaire d'Etat au département de la justice;

Vu les articles 307 du Code civil et 879 du Code de procédure civile;

Vu l'article 1042 du Code de procédure civile et l'article 22 du règlement d'administration publique du 30 mars 1808, rendu en exécution du dit article;

Vu l'article 5 de la loi du 20 avril 1810, et l'article 18 du règlement d'administration publique du 6 juillet 1810, rendu en exécution de la dite loi;

Notre Conseil d'Etat entendu, etc.,

Art. 1er. L'article 22 du règlement d'administration publique du 30 mars 1808 est modifié en ce qui touche les appels relatifs aux séparations de corps : ces appels seront, à l'avenir, jugés par nos cours royales en audience ordinaire.

2. Notre Ministre de la justice et des cultes est chargé, etc.

Vu pour l'enregistrement à la Cour impériale:

Le Gouverneur,

Baron DARRICAU.

Par le Gouverneur :

Le Procureur Général,

JUSTIN BERET.

N° 1292. — *ORDRE concernant les dispositions à prendre par les navires du commerce sur les rades de la Colonie, à l'occasion de l'hivernage.*

Du 8 Décembre 1862.

Le 10 décembre courant, tous les navires mouillés sur les différentes rades de la Colonie devront prendre le mouillage de l'hivernage.

Ceux qui sont au mouillage de Saint-Denis ne devront pas laisser tomber l'ancre par un fond moindre de 18 à 20 brasses, ainsi que cela est indiqué dans la police de rade; tout navire qui serait en dedans de cette ligne de mouillage recevrait immédiatement l'ordre d'appareiller. J'engage donc messieurs les capitaines à surveiller par eux-mêmes l'exécution de cet ordre.

Les navires actuellement en travail à Saint-Denis ne prendront le mouillage de l'hivernage que lorsque le mouvement général aura été effectué par les autres bâtiments; je me réserve d'indiquer plus tard quelle sera la ligne dite de travail.

Messieurs les capitaines doivent dès à présent s'assurer que leurs bâtiments se trouvent en bon état de navigabilité et que toutes précautions sont prises pour un appareillage prompt; le grand mât de perroquet sera seul conservé, les embossures seront frappées de manière à pouvoir promptement démaillonner. En un mot, on se conformera à ce qui est dit à ce sujet dans la Police de rade : pages 21, 25, 26 et 27. Je n'ai à recommander qu'une grande surveillance de jour et de nuit, afin qu'à chaque instant on soit en mesure d'exécuter sans délai les ordres donnés par la Direction du Port.

Les dimanches et les jours de fête, les permissions de descendre à terre seront suspendues toutes les fois que le pavillon bleu sera hissé à la vergue.

En cas de déradage, il est indispensable que la marche du baromètre soit notée avec soin sur le journal ainsi que toutes les circonstances de la navigation et les heures exactes auxquelles auraient lieu des événements importants.

Au retour de chaque navire sur rade, un rapport détaillé me sera remis contenant ces indications, qui peuvent seules me permettre de constater d'une manière exacte la route suivie par un ouragan et son influence sur la marche du baromètre, à différentes distances de l'Ile.

Je ne saurais trop engager MM. les officiers commandant à bord pendant un mauvais temps, à faire les manœuvres indiquées dans l'étude des ouragans qui leur a été remise à tous ; les variations du vent indiquent toujours ce qu'il y a à faire et je suis convaincu que les navires se trouveront bien des prescriptions fournies par la loi des tempêtes.

Le présent ordre est applicable à toutes les rades de la Colonie, sauf les modifications exigées par les localités et qui se trouvent indiquées dans la Police remise à chaque navire.

Saint-Denis, le 8 décembre 1862.

Le Capitaine de Port,

H. Bridet.

Vu et soumis à l'approbation de M. le Gouverneur, pour être observé comme disposition obligatoire de police de port et rade de la Colonie.

L'Ordonnateur,

Desmazes.

Approuvé :

Le Gouverneur,

Baron DARRICAU.

N° 1293. — *ARRÊTÉ relatif au paiement des frais de professorat des petits séminaires, et d'autres frais de l'administration diocésaine.*

Du 8 Décembre 1862.

Nous Gouverneur de l'ile de la Réunion,

Vu le décret du 3 février 1851 constitutif des évêchés coloniaux ;

Vu les dépêches ministérielles des 18 février 1851 et 9 décembre 1852;

Vu nos arrêtés des 24 mai et 30 juin 1862;

Vu l'arrivée dans la Colonie de M. Lambert (René), nommé vicaire général par décret impérial du 7 septembre 1862;

Sur la proposition du Directeur de l'intérieur,

AVONS ARRÊTÉ ET ARRÊTONS :

Art. 1er. Les frais de professorat des petits séminaires portés au budget métropolitain, les frais de domesticité de l'Évêque et les bourses allouées au collége diocésain, seront, pendant l'absence de Monseigneur, payés sur mandats émis au nom de M. Lambert, vicaire général, jusqu'à l'arrivée de M. Fava, vicaire général.

2. L'indemnité prévue par l'article 7 du décret précité du 3 février 1851 sera payée au compte du budget métropolitain sur le pied de 5,000 francs, conformément aux dispositions des dépêches ministérielles des 18 février 1851 et 28 septembre 1852, à M. Lambert, vicaire général, jusqu'à l'arrivée de M. Fava.

3. Ces dispositions auront leur effet à compter du 25 novembre dernier, jour de l'arrivée dans la Colonie de M. Lambert, et jusqu'au retour de M. l'abbé Fava.

4. Il n'est rien changé aux autres dispositions de notre arrêté précité du 24 mai 1862.

5. L'Ordonnateur et le Directeur de l'intérieur sont chargés, chacun en ce qui le concerne, de l'exécution du présent arrêté qui sera inséré et enregistré partout où besoin sera.

Saint-Denis, le 8 décembre 1862.

Baron DARRICAU.

Par le Gouverneur :

Le Directeur de l'Intérieur,

CH. DE LAGRANGE.

N° 1294. — *ARRÊTÉ portant promulgation du décret du 6 octobre 1862, qui autorise l'importation en franchise aux colonies des Antilles et de la Réunion et dans les possessions de l'Algérie, des produits exportés de France et fabriqués avec des matières étrangères.*

Du 12 Décembre 1862.

NOUS GOUVERNEUR DE L'ILE DE LA RÉUNION,

Vu l'article 9 du sénatus-consulte du 3 mai 1854;

Vu la dépêche ministérielle en date du 20 octobre 1862, n° 487;

Sur le rapport du Directeur de l'intérieur,

AVONS ARRÊTÉ ET ARRÊTONS :

Art. 1er. Le décret du 6 octobre 1862, qui autorise l'importation en franchise de tout droit de douane aux Antilles et à la Réunion et dans les possessions de l'Algérie des produits exportés de France et fabriqués avec des matières étrangères, est promulgué dans la Colonie pour être exécuté selon sa forme et teneur.

2. Le Directeur de l'intérieur est chargé de l'exécution du présent arrêté, qui sera enregistré, publié et inséré au *Bulletin officiel* de la Colonie.

Saint-Denis, le 12 décembre 1862.

Baron DARRICAU.

Par le Gouverneur:

Le Directeur de l'Intérieur,

CH. DE LAGRANGE.

Vu pour l'enregistrement à la Cour impériale :

Le Procureur Général,

JUSTIN BERET.

Enregistré à la Cour le 19 décembre 1862.

Décret

NAPOLÉON, par la grâce de Dieu et la volonté nationale, Empereur des Français,

A tous présents et à venir, salut :

Sur le rapport de nos ministres de l'Agriculture, du Commerce et des Travaux publics et de la Marine et des colonies ;

Vu le projet de loi sur les douanes présenté au Corps Législatif le 13 mai 1862 et non voté ;

Vu le sénatus-consulte du 3 mai 1854 ;

Notre Conseil d'État entendu,

AVONS DÉCRÉTÉ ET DÉCRÉTONS ce qui suit :

Art. 1er. Seront admis en franchise de tout droit de douane dans nos colonies des Antilles, de la Réunion, et dans nos possessions de l'Algérie, les produits exportés de France et fabriqués avec des matières premières étrangères admises temporairement en franchise de droits, par application de l'article 5 de la loi du 5 juillet 1836.

2. Nos ministres de l'Agriculture, du Commerce et des Travaux publics, de la Marine et des colonies, et des Finances, sont chargés, chacun en ce qui le concerne, de l'exécution du présent décret.

Fait à Biarritz, le 6 octobre 1862.

NAPOLÉON.

Par l'Empereur :

Le Ministre de l'Agriculture, du Commerce et des Travaux publics,

ROUHER.

Le Ministre de la Marine et des colonies,

Comte P. DE CHASSELOUP-LAUBAT.

Vu pour l'enregistrement à la Cour impériale :

Le Gouverneur,
Baron DARRICAU.

Par le Gouverneur :

Le Directeur de l'Intérieur,
CH. DE LAGRANGE.

N° 1295. — *ARRÊTÉ portant évaluation des recettes du budget extraordinaire pour l'exercice 1863, et ouvrant les crédits nécessaires pour en régler l'emploi*

Du 15 Décembre 1862.

NOUS GOUVERNEUR DE L'ILE DE LA RÉUNION,

Vu le sénatus-consulte du 3 mai 1854 qui règle la constitution des colonies,

Vu le décret du 31 juillet 1855 portant nomenclature des dépenses ;

Vu l'article 46 du décret du 26 septembre 1855 relatif aux budgets locaux extraordinaires ;

Vu le budget extraordinaire des recettes et des dépenses voté par le Conseil général dans sa séance du 4 décembre courant et arrêté par nous en séance du Conseil privé de ce jour ;

Sur le rapport du Directeur de l'intérieur,

Le Conseil privé entendu,

AVONS ARRÊTÉ ET ARRÊTONS :

Art. 1er. Les recettes du budget extraordinaire sont évaluées à la somme de cent quatre-vingt-quatre mille quatre cent soixante-un francs quatre-vingt-trois centimes et sont ainsi prévues,

SAVOIR :

Solde du fonds d'immigration...	99,461 83
Taxe spéciale d'introduction et de réengagement.................	85,000 »
	184,461 83

2. Des crédits sont ouverts jusqu'à concurrence de cent quatre-vingt-quatre mille quatre cent soixante-un francs quatre-vingt-trois centimes pour satisfaire aux dépenses du budget extraordinaire de l'exercice 1863, conformément à l'état ci-dessous, savoir :

Achèvement du Lazaret de la Grande-Chaloupe...............	140,000 »
Chemin du Lazaret à Saint-Denis.	44,461 03
	184,461 83

3. Il sera pourvu au paiement de ces dépenses par les voies et moyens indiqués à l'article 1er et en cas d'insuffisance de fonds par un prélèvement sur la caisse de réserve.

4. Le Directeur de l'intérieur est chargé de l'exécution du présent arrêté qui sera enregistré où besoin sera, publié, inséré au *Bulletin officiel* de la Colonie et déposé au Contrôle colonial.

Saint-Denis, le 15 décembre 1862.

Baron DARRICAU.

Par le Gouverneur :

Le Directeur de l'Intérieur,

CH. DE LAGRANGE.

N° 1296. — *ARRÊTÉ autorisant et règlant la perception des contributions directes et indirectes et autres revenus publics de l'exercice 1863.*

Du 15 Décembre 1862.

Nous Gouverneur de l'ile de la Réunion,

Vu le sénatus-consulte du 3 mai 1854 réglant la constitution des colonies;
Vu le décret du 29 août 1855 modificatif de l'organisation du gouvernement des colonies;
Vu le décret du 26 septembre 1855 portant règlement sur le service financier des colonies;
Vu le budget des recettes du Service local pour 1863, voté par le Conseil général dans sa séance du 4 décembre courant et arrêté par nous en séance du Conseil privé de ce jour;
Sur le rapport du Directeur de l'intérieur,
Le Conseil privé entendu,

Avons arrêté et arrêtons :

Art. 1er. Les contributions directes et indirectes ou autres revenus publics de l'exercice 1863 attribués au Service local par le règlement financier en date du 26 septembre 1855, continueront à être perçus d'après la législation existante, conformément à l'article 42 du dit règlement. Toutefois, les liqueurs désignées dans les arrêtés des 29 juillet 1857, 3 avril 1860 et 27 décembre 1861, sous la dénomination de liqueurs fortes et imitations d'eau-de-vie dite de Cognac, seront frappées des droits réglés par notre arrêté du 15 du présent mois, ainsi qu'il suit :

Taxe locale.	0f 825
Taxe municipale.	0 25
	1 075

Ces revenus et produits sont évalués à sept millions six cent soixante et un mille quatre-vingt-trois francs soixante quatorze centimes.

SAVOIR :

Chapitre 1er	Contributions directes. . . .	1,737,433 f.	74
Chapitre 2	Contributions indirectes. . .	5,269,350	»
Chapitre 3	Produits divers.	654,300	»
	Total.	7,661,083	74

Art. 2. En cas d'insuffisance des recettes de l'exercice 1863, il sera pourvu à l'acquittement des dépenses par un prélèvement sur la caisse de réserve.

Art. 3. Toutes contributions directes ou indirectes autres que celles qui sont autorisées par le présent arrêté et le règlement financier du 26 septembre 1855, à quelque titre et sous quelque dénomination qu'elles se perçoivent, sont formellement interdites, à peine contre les autorités qui les ordonneraient, contre les employés qui confectionneraient les rôles et tarifs et ceux qui en feraient le recouvrement, d'être poursuivis comme concussionnaires, sans préjudice de l'action en répétition pendant trois années, contre tous les receveurs, percepteurs ou individus qui auraient fait la perception, et sans que, pour exercer cette action devant les tribunaux, il soit besoin d'une autorisation préalable.

Il n'est pas dérogé néanmoins aux dispositions des actes relatifs aux dépenses ordinaires et extraordinaires des communes.

Art. 4. Le Directeur de l'intérieur est chargé de l'exécution du présent arrêté, qui sera publié, enregistré partout où besoin sera, inséré au *Bulletin officiel* de la Colonie et déposé au Contrôle colonial.

Saint-Denis, le 15 décembre 1862.

Baron DARRICAU.

Par le Gouverneur :

Le Directeur de l'Intérieur,

CH. DE LAGRANGE.

BUDGET DES RECETTES DE L'EXERCICE 1863.

CHAPITRE 1er.

Contributions directes (y compris la part afférente aux communes et à la Chambre de commerce). 1,737,433 74

1	Impôt personnel.	600,000 »
2	Impôt des maisons et emplacemts.	306,474 30
3	Impôt des voitures.	82,103 44
4	Impôt des patentes.	748,856 »
		1,737,433 74

CHAPITRE 2.

Contributions indirectes. . . . 5,269,350 »

Douane.

N°	Désignation			
5	Droit de sortie sur les denrées coloniales en remplacement de l'impôt foncier. . . .	1,250,000 »		
6	Droit d'importation	560,000 »		
7	Droit d'exportation	»		
8	Droits de navigation et droits sanitaires.	20,800 »		
9	Taxes accessoires de navigation. . .	80,600 »		
10	Droits accessoires de douanes (entrepôt et stationnement sur les quais, imprimés, 10e du produit des saisies, amendes).	23,950 »		
			1,935,350 »	
	Impôts indirects.			
11	Impôt de fabrication des tabacs, y compris le 10e revenant aux communes.	130,000 »		
12	Impôt de fabrication des spiritueux y compris le 10e pour les commu-			
	A reporter.	130,000 »	1,935,350 »	7,006,783 74

N°	Désignation			
	Report......	130,000 »	1,935,350 »	7,006,783 74
	nes et les 0 f. 25 de taxe municipale	2,150,000 »		
			2,280,000 »	
	Enregistrement.			
13	Droits d'enregistrement......	715,000 »		
14	Droits de timbre..	172,000 »		
15	Droits de greffe..	44,000 »		
16	Droits d'hypothèques.......	3,000 »		
			934,000 »	
	Poste aux lettres.			
17	Taxe des lettres..	120,000 »		
			120,000 »	
			5,269,350 »	
	CHAPITRE 3.			
	Produits divers...........			654,300 »
18	Produits des domaines, loyers, revenus des prix de vente d'immeubles, prix de vente d'objets mobiliers, arrérages de rentes sur l'État, épaves et biens vacants acquis définitivement au Domaine, produits du Domaine de toute nature attribués au Service local....		60,000 »	
19	Amendes (de consignation, de condamnation, de contraventions aux lois sur l'enregistrement, le timbre, le greffe, la dénomination des poids et mesures)............		13,000 »	
20	Frais de poursuites de l'enregistrement et des domaines...		3,000 »	
21	Produits divers de l'enregistrement (5 % des salaires des conservateurs attribués au Service local, résultats de vérification en régie et autres recettes non classées)...........		12,000 »	
22	Taxe des poids et mesures...		35,000 »	
23	Remboursement du prix des formules de patentes......		3,000 »	
24	Produits du lycée........		274.200 »	
25	Subvention de la métropole pour			
	A reporter......		400,200 »	7,661,083 74

	Report......	400,200 »	7,661,083 74
	l'instruction publique.	7,000 »	
26	Reversements de trop payés et prix de cessions des approvisionnements courants.	»	
27	Frais de poursuites des contributions directes.	4,000 »	
28	Recettes diverses (frais de poursuites des autres produits, produit de contraventions en matière de contributions indirectes et de patentes, droits d'expédition d'actes, prélèvement sur le produit de l'octroi pour payer la solde de la police judiciaire à la charge des communes, remboursement de frais du personnel employé aux lazarets.	243,100 »	
29	Taxe d'introduction et de réengagement d'engagés (mémoire). .	»	
		654,300 »	7,661,083 74

Arrêté en séance du Conseil privé, le 15 décembre 1862, le présent budget des recettes à la somme de *sept millions six cent soixante et un mille quatre-vingt-trois francs soixante quatorze centimes* dont *un million deux cent quatre-vingt-dix-huit mille sept cent trente-six francs soixante douze centimes* pour le compte des communes.

Le Gouverneur,
Signé Baron DARRICAU.

Par le Gouverneur :

Le Directeur de l'Intérieur,
Signé CH. DE LAGRANGE.

N° 1297. — *ARRÊTÉ portant ouverture des crédits votés par le Conseil général pour satisfaire aux dépenses du budget ordinaire de l'exercice* **1863.**

Du 15 Décembre 1862.

NOUS GOUVERNEUR DE L'ILE DE LA RÉUNION,

Vu le sénatus-consulte du 3 mai 1854 réglant la constitution des colonies ;

Vu le décret du 31 juillet 1855 portant la nomenclature des dépenses ;

Vu le décret du 29 août 1855 modificatif de l'organisation des colonies ;

Vu le décret du 26 septembre 1855 portant règlement sur le régime financier des colonies ;

Vu le budget des dépenses du Service local pour 1863, voté par le Conseil général dans sa séance du 4 décembre courant et arrêté par nous en séance du Conseil privé de ce jour ;

Sur le rapport du Directeur de l'intérieur,

Le Conseil privé entendu,

AVONS ARRÊTÉ ET ARRÊTONS :

Art. 1er. Des crédits sont ouverts jusqu'à concurrence de sept millions six cent soixante et un mille quatre-vingt-trois francs soixante quatorze centimes, pour satisfaire aux dépenses du budget ordinaire de l'exercice 1863, conformément à l'état ci-annexé, savoir :

SECTION 1re. — DÉPENSES OBLIGATOIRES.

CHAP. 1er. — Personnel	2,266,594 84	
CHAP. 2. — Matériel.	2,905,031 22	
		5,171,626 06

SECTION 2e. — DÉPENSES FACULTATIVES.

CHAP. 3. — Personnel	175,610 »	
CHAP. 4. — Matériel	2,313,847 68	
		2,489,457 68
Total égal. . .		7,661,083 74

Art. 2. Il sera pourvu au paiement de ces dépenses par les voies et moyens de l'exercice 1863, et en cas d'insuffisance de fonds par un prélèvement sur la caisse de réserve.

Art. 3. Le Directeur de l'intérieur est chargé de l'exécution du présent arrêté, qui sera publié, enregistré partout où besoin sera, inséré au *Bulletin officiel* de la Colonie et déposé au Contrôle colonial.

Saint-Denis, le 15 décembre 1862.

Baron DARRICAU.

Par le Gouverneur :

Le Directeur de l'Intérieur,

CH. DE LAGRANGE.

ÉTAT DÉTAILLÉ DES DÉPENSES

Du service intérieur de la Réunion pour 1863.

SECTION 1re.

DÉPENSES OBLIGATOIRES.

Chapitre 1er. — Personnel.

ARTICLE PREMIER. — SOLDE.

Traitement d'un délégué.			12,000 »
Direction de l'intérieur			94,330 »
1 Secrétaire général.		9,000 »	
4 Chefs de bureau : 2 de 1re classe à 5,940f, 2 de 2e classe à 5,095f l'un.		22,070 »	
5 Sous-chefs de bureau : 3 de 1re classe à 4,220f, 2 de 2e classe à 3,480f l'un.		19,620 »	
9 Commis à 2,400f l'un.		21,600 »	
Frais d'écrivains.		16,000 »	
Fournitures de bureau.		2,200 »	
7 Garçons de bureau.		3,840 »	
		94,330 »	
Agents des services financiers. . . .			797,525 »
Trésor.		79,700 »	
1 Receveur général : remises pour la centralisation des produits locaux.	32,000 »		
1 Receveur particulier : remises pour la centralisation des produits de son arrondissement. .	12,000 »		
9 Percepteurs : remises fi-			
A reporter.	44,000 »	79,700 »	903,855 »

Report.....	44,000 »		79,700 »	903,855 »
xes et proportionnelles.	35,200 »			
1 Percepteur à Salazie : traitement......	500 »			
	79,700 »			

Enregistrement et Domaines..		147,120 »	

Direction.

1 Inspecteur chef de service : traitem^t 9,000^f, frais de tourn. 1,000^f, frais de bureau 1,000^f		11,000 »		
2 Vérificateurs de 1re classe : traitement 6,000^f, frais de tourn. 2,000^f		16,000 »		
3 Commis de direction : 1 à 5,000^f remplissant les fonctions de garde-magasin du timbre, 1 à 3,500^f, 1 à 3,000^f..		11,500 »		
2 Commis receveurs : 1 à 3,500^f, 1 à 3,000^f.		6,500 »		
1 Timbreur.......		1,500 »		
2 Conservateurs des hypothèques à 300^f (remises de 6 % sur les produits)......		600 »		
11 Receveurs : remises proportionnelles.....		77,000 »		
2 Garçons de bureau à 600^f l'un......		1,200 »		
		125,300 »		

Agents entretenus du service forestier et du service domanial.

1 Inspecteur : traitement 6,000^f, frais de tournées 1,500^f...	7,500			
1 Sous-inspecteur : traitem^t 4,000^f,				
A reporter.....	7,500	125,300 »	226,820 »	903,855 »

Report.....	7,500	125,300 »	226,820 »	903,855 »
frais de tournées 1,200f....	5,200			
4 Brigadiers de 1re classe résidant à Saint-Denis, St-Benoit, Ste-Rose et Saint-Pierre, à 1,800f l'un......	7,200			
3 Gardes champêtres à la montagne Saint-Denis à 640f.....	1,920			
		21,820 »		
		147,120 »		
Contributions diverses....			207,780 »	
Bureau central.				
1 Inspecteur chef de service: traitement 9,000f, frais de tournées et de bureau 1,800f....		10,800 »		
1 Sous-inspecteur: traitement 6,000f, frais de tournées 2,500f....		8,500 »		
1 Contrôleur principal faisant fonctions de 1er commis de direction..		6,000 »		
1 Second commis....		3,400 »		
1 Troisième commis...		2,500 »		
1 Quatrième commis...		2,000 »		
1 Surnuméraire.....		1,800 »		
1 Garçon de bureau...		600 »		
		35,600 »		
Contributions directes.				
1 Contrôleur principal à Saint-Denis: traitemt 5,000f, frais de tournées 500f..	5,500			
2 Contrôleurs divi-				
A reporter.....	5,500	35,600 »	434,600 »	903,855 »

Report.....	5,500	35,600 »	434,600 »	903,855 »
sionnaires de 1re classe: à Saint-Pierre et à St-Benoit: traitem^{t} 4,500^{f}, frais de tournées 1,000^{f}	11,000			
3 Contrôleurs divisionnaires de 2e classe à St-Paul, St-Louis et Ste-Suzanne : traitement 4,500^{f}, frais de tournées 500^{f}.	15,000			
Fournitures de bureau pour 6 contrôleurs à 30^{f} l'un.......	480			
Allocation pour parfaire le traitement de deux anciens inspecteurs de distilleries à 500^{f} l'un..........	1,000			
Allocation pour parfaire les frais de tournées du contrôleur de Saint-Paul.........	500			
2 Contrôleurs adjoints aux 2 contrôleurs de 1re classe à 2,500^{f} l'un. .	5,000			
		38,180 »		
Contributions indirectes.				
2 Contrôleurs ambulants pour la vérification des distilleries, des tabacs et du service des postes aux lettres: traitement 4,500^{f}, frais de tour-				
A reporter......		73,780 »	434,600 »	903,855 »

Report.....		73,780 »	434,600 »	903,855 »
nées 2,500f l'un........	14,000			
30 Préposés-surveillants comptables des distilleries, à 4,000f l'un...	120,000			
		134,000 »		
		207,780 »		
Postes aux lettres......			103,250 »	
1 Receveur-comptable..		6,000 »		
1 Contrôleur......		3,500 »		
4 Commis au bureau de Saint-Denis: 1 à 3,000f 1 à 2,600f, 1 à 2,200f et 1 à 1,800f.....		9,600 »		
1 Garçon de bureau...		480 »		
14 Receveurs, savoir :				
2 à Saint-Paul et Saint-Pierre à 3,000f l'un.		6,000 »		
1 à Saint-Benoit....		2,400 »		
6 à Sainte-Suzanne, St-André, la Possession, Saint-Leu, St-Louis et Saint-Joseph à 1,800f l'un....		10,800 »		
3 à Ste-Marie, Sainte-Rose et Saint-Philippe à 1,500f l'un....		4,500 »		
1 à Salazie......		1,000 »		
1 à la Plaine des Palmistes.......		600 »		
Indemnité pour fournitures de bureau aux 15 receveurs :				
Saint-Denis..	1,280			
St-Paul et St-Pierre à 265f l'un.....	530			
Saint-Benoit..	170			
Saint-Louis...	110			
A reporter.....	2,090	44,880 »	537,850 »	903,855 »

Report.....	2,090	44,880 »	537,850 »	903,855 »
Ste-Suzanne, St-André, la Possession et St-Leu à 100f l'un.........	400			
Ste-Marie, Ste-Rose, Salazie, St-Joseph et St-Philippe à 85f l'un......	425			
Plaine des Palmistes.......	55			
		2,970 »		
2 Commis à Saint-Paul et à Saint-Pierre à 1,500f l'un.		3,000 »		
13 Facteurs de ville:				
5 à St-Denis à 1,500f l'un. .	7,500			
2 à St-Paul: 1 à 1,200f, 1 à 1,000f. . .	2,200			
2 à St-Pierre: 1 à 1,200f, 1 à 1,000f. . .	2,200			
3 à St-Benoit: 1 à 1,200f, 2 à 1,000f. . .	3,200			
1 à St-André..	1,000			
		16,100 »		
30 Facteurs ruraux:				
1 à St-Denis.	1,500			
29 dans les communes, à 1,200f l'un. .	34,800			
		36,300 »		
		103,250 »		
Vérification des poids et mesures.			5,500 »	
1 Vérificateur: traitement 5,000f frais de tournées 500f. . . .		5,500		
A reporter......			543,350 »	903,855 »

Report.....		543,350 »	903,855 »
Douane.		254,175 »	
Service administratif.			
1 Directeur: traitement et frais de tournées. . . 12,000 1 Premier commis de direction de 2ᵉ classe. . . 5,000 1 Deuxième commis de direction. 2,400	19,400 »		
1 Inspecteur divisionnaire de 3ᵉ classe: traitement 7,875ᶠ, frais de tournées 2,000ᶠ. . . .	9,875 »		
Bureau principal de Saint-Denis.			
1 Sous-inspecteur de 1ʳᵉ classe, chef de bureau à St-Denis: traitement 7,000ᶠ, frais de tournées 500ᶠ. . . 7,500 1 Contrôleur. . . 5,400 4 Vérificateurs de 1ʳᵉ classe: 2 à 4,800ᶠ, 2 à 4,200ᶠ. . . . 18,000 2 Vérificateurs de 2ᵉ classe à 3,600ᶠ l'un. . 7,200 2 Commis principaux, 1 de 1ʳᵉ classe à 4,200ᶠ, 1 de 2ᵉ classe à 3,600ᶠ. . . 7,800 2 Commis à 3,000ᶠ l'un. . . . . 6,000 2 Commis à 2,400ᶠ l'un. 4,800	56,700 »		
A reporter.....	85,975 »	797,525 »	903,855 »

Report.....		85,975 »	797,525 »	903,855 »
Bureau de Saint-Pierre.				
1 Vérificateur de 1re classe, chef de bureau : traitemt 4,200f, frais de bureau 200f	4,400			
2 Commis dont 1 de 1re classe à 3,000f, 1 de 2e classe à 2,400f	5,400			
		9,800 »		
Bureau de Saint-Paul.				
1 Vérificateur de 2e classe, chef de bureau : traitemt 3,600f, frais de bureau 100f. . . .		3,700 »		
		99,475 »		
Service actif.				
1 Lieutenant de 2e classe à St-Denis : traitement 3,200f, frais de tournées 1,200f...	4,400			
1 Lieutenant de 3e classe à Saint-Pierre : traitement 2,800f, frais de tournées 1,000f...	3,800			
6 Brigadiers : 2 à 2,000f et 4 à 1,900f.......	11,600			
23 Sous-brigadiers à 1,700f l'un..	39,100			
56 Préposés : 10 de 1re clas. à 1,600f 16,000f ; 46 de 2e classe à 1,500f 69,000f	85,000			
A reporter....	143,900	99,475 »	797,525 »	903,855 »

Report....	143,900	99,475 »	797,525 »	903,855 »
1 Sous-patron de canot	1,700			
		145,600 »		
Divers agents.				
4 Garçons de bureau :				
1 à la direction	400			
1 au bureau principal.....	400			
1 à St-Pierre..	300			
1 à Saint-Paul.	300			
15 Canotiers :				
2 de 1re classe à 600f l'un...	1,200			
13 de 2e classe à 500f l'un...	6,500			
		9,400 »		
		254,175 »		
			797,525 »	
Instruction publique.				445,600 »
1 Inspecteur de l'enseignement : traitement 9,000f, frais de tournées 1,000f.			10,000 »	
Lycée.			175,900 »	
1 Proviseur.....	8,500			
1 Censeur......	7,000			
1 Aumônier.....	6,000			
1 Econome	1,800			
1 Surveillant général........	4,000			
6 Professeurs de 1re classe à 6,000f l'un...	36,000			
6 Professeurs de 2e classe à 5,000f l'un...	30,000			
6 Professeurs de 3e classe à 4,000f l'un...	24,000			
A reporter....	117,300	»	185,900 »	1,349,455 »

Report.....	117,300	»	185,000 »	1,349,455 »
4 Maîtres élémentaires à 3,000f l'un.	12,000			
		129,300 »		
Maîtres répétiteurs et autres fonctionnaires.				
6 Maîtres répétiteurs de 1re classe à 2,400f l'un. .	14,400			
6 Maîtres répétiteurs de 2e classe à 2,000f l'un.	12,000			
4 Aspirants répétiteurs à 1,500f l'un.	6,000			
1 Professeur de dessin linéaire.	1,200			
1 Professeur de dessin d'imitation.	2,400			
1 Professeur de chant. . . .	1,800			
1 Professeur de gymnastique..	1,500			
1 Commis d'économat.. . . .	1,500			
		40,800 »		
Personnel des Sœurs.				
4 Sœurs hospitalières dont 1 supérieure à 1,600f et 3 sœurs à 1,400f. .		5,800 »		
		175,000 »		
Ecoles primaires.			126,300 »	
Frères des Ecoles chrétiennes.				
1 Supérieur : traitement 2,500f, frais de tournées 800f. . .		3,300 »		
76 Frères à 1,500f l'un. .		114,000 »		
A reporter.....		117,300 »	312,200 »	1,349,455 »

Report.....		117,300 »	312,200 »	1,349,455 »
Noviciat colonial : 10 bourses à 900f l'une.		9,000 »		
		126,300 »		
Sœurs de Saint-Joseph.....			79,200 »	
46 Sœurs dont 1 supérieure principale : traitement 1,700f, frais de tournées 800f.	2,500			
45 Sœurs à 1,200f l'une..	54,000			
		56,500 »		
Abonnement avec la congrégat. pour l'entretien au complet du nombre nécessaire à la Colonie, à raison de de 200f par an et par sœur, ci pour 53 sœurs		10,600 »		
Abonnement avec les sœurs pour l'entretien du mobilier, tant personnel que scolaire, et pour frais de servantes, à raison de 100f par an et par sœur, ci pour 46 sœurs		4,600 »		
Noviciat colonial : 10 bourses à 750f l'une. .		7,500 »		
		79,200 »		
Filles de Marie.......			18,200 »	
22 Sœurs à 600f l'une...		13,200 »		
Noviciat colonial : 10 bourses à 500f....		5,000 »		
		18,200 »		
École professionnelle et pénitencier.			36,000 »	
			445,600 »	
A reporter.....				1,349,455 »

Report.....		1,349,455 »
Ponts et Chaussées.........		112,420 »
Personnel entretenu.		
1 Ingénieur en chef : traitement 12,000f, frais de bureau et de tournées 3,000f..	15,000 »	
1 Ingénieur colonial chargé des détails du service : traitement 6,000f, frais de tournées 3,000f, frais de bureau 1,000f.	10,000 »	
2 Ingénieurs coloniaux à 6,000f l'un.	12,000 »	
1 Conducteur principal : traitement 5,000f, indemnité de logement 360f.	5,360 »	
3 Conducteurs de 1re classe : traitement 4,400f, indemnité de logement 360f.	14,280 »	
5 Conducteurs de 2e classe : traitement 4,000f, indemnité de logement 360f.	21,800 »	
3 Conducteurs de 3e classe : traitement 3,600f, indemnité de logement 360f.	11,880 »	
3 Conducteurs de 4e classe : traitement 3,200f, indemnité de logement 360f.	10,680 »	
1 Gérant assimilé à un conducteur principal : traitement 5,000f, indemnité de logement 360f. . . .	5,360 »	
1 Commis de la gérance, assimilé à un conducteur de 2e classe : traitement 4,000f, indemnité de logement 360f.	4,360 »	
3 Garçons de bureau : 1 à Saint-Denis à 500f, 2 à Saint-Pierre et Saint-Benoit à 400f l'un.	1,300 »	
Fournitures de bureau pour la gérance et les conducteurs.	400 »	
	112,420 »	
Police générale.		397,840 »
1 Commissaire central inspecteur : traitement 9,000f, frais de tour-		
A reporter.....	»	1,859,715 »

Report.....		»	1,859,715 »
nées 2,000f, frais de bureau 500f..		11,500 »	
1 Commissaire de police adjoint, chef des bureaux...........		4,500 »	
1 Commis chargé de la comptabilité des ateliers et des prisons.....		2,400 »	
2 Commis expéditionnaires : 1 à 2,000f et 1 à 1,500f........		3,500 »	
3 Commissaires principaux : traitement 5,500f. frais de tournées 500f...............		18,000 »	
3 Commissaires de police adjoints à 2,400f...............		7,200 »	
15 Commissaires de police:			
1 Commissaire de police de sûreté: traitement 4,750f, frais de bureau 250f......	5,000 »		
8 Commissaires de canton dont 2 à St-Denis: traitement 4,750f, frais de bureau 250f.....	40,000 »		
6 pour les autres cantons à 4,000f....	24,000 »		
9 Commissaires de commune à 3,000f....	18,000 »		
		57,000 »	
1 Secrétaire au bureau de police de sûreté............		2,400 »	
1 Garçon de bureau.........		400 »	
		106,900 »	
Brigades.			
1 Adjudant de police à Saint-Denis.......	2,400 »		
1 Adjudant de police à Saint-Pierre....	2,200 »		
192 Brigadiers et gardes:			
40 brigadiers à 1,800f l'un.......	72,000 »		
152 gardes à 1,320f l'un.......	200,640 »		
Haute-paie à l'ancienneté.....	10,700 »		
		287,940 »	
A reporter.....		394,840 »	1,859,715 »

Report...... 394,840 » 1,859,715 »

Moitié de la somme 287,940 à la charge des communes.

Indemnité de literie aux gendarmes.............. 3,000 »

397,840 »

Ateliers de discipline et prisons...... 91,530 »

Ateliers de discipline.

4 Surveillants à 3,000f, frais de bureau 75f l'un....	12,300 »		
10 Chefs d'escouade : 1 à 1,500f, 9 à 1,200f l'un.........	12,300 »		
12 Sous-chefs d'escouade à 900f l'un.....	10,800 »		
12 Commandeurs à 600f l'un........	7,200 »		
		42,600 »	

Ateliers des condamnés.

4 Brigadiers : 2 à 2,000f et 2 à 1,800f.......	7,600 »		
16 Gardiens à 900f l'un.	14,400 »		
		22,000 »	

Prisons.

1 Aumônier......	1,200 »		
1 Directeur de la prison de Saint-Denis : traitement 4,000f, frais de bureau 180f	4,180 »		
1 Commis aux écritures du greffe......	1,800 »		
2 Concierges des prisons de St-Paul et St-Pierre : traitement 2,000f, frais de bureau 75f l'un.......	4,150 »		
1 Concierge de la prison de Saint-Benoit.	1,000 »		
1 Gardien chef à la prison de St-Denis...	2,000 »		
5 Guichetiers : 3 à Saint-			
A reporter....	14,330 »	64,600 »	1,951,245 »

Report.....	14,330 »	64,600 »	1,951,245 »
Denis, 1 à St-Paul et 1 à Saint-Pierre à 1,200f l'un.	6,000 »		
1 Surveillante à Saint-Denis (prison des femmes).	1,200 »		
2 Gardes chiourmes : 1 à Saint-Pierre et 1 à Saint-Paul à 1,500f l'un.	3,000 »		
4 Commandeurs à 600f l'un.	2,400 »		
		26,930 »	
		91,530 »	

Agents du syndicat des travailleurs.			66,200 »
1 Commissaire d'immigration à Saint-Denis: traitement 6,000f, frais de bureau 300f.		6,300 »	
9 Syndics :			
5 de 1re classe à 5,000f, à St-Denis, St-André, St-Benoit, St-Paul et St-Pierre.	25,000 »		
4 de 2e classe à 4,000f, à Ste-Suzanne, St-Joseph, St-Louis et St-Leu. . .	16,000 »		
3 Syndics-adjoints à 2,400f, à Ste-Marie, Ste-Rose et St-Philippe.	7,200 »		
		48,200 »	
4 Commis à Saint-Denis : 1 à 3,000f, 2 à 2,400f et 1 à 1,800f.		9,600 »	
2 Interprètes : 1 à 1,200f, 1 à 900f. .		2,100 »	
		66,200 »	

Pilotage.		12,000 »
1 Pilote ou second maître de port à Saint-Denis.	3,000 »	
A reporter.....	3,000 »	2,029,445 »

Report....		3,000 »	2,029,445 »
1 Pilote à Saint-Denis.......		2,400 »	
2 Aides-pilotes à Saint-Denis à 1,800f l'un..............		3,600 »	
2 Aides-pilotes à Saint-Paul et à Saint-Pierre à 1,500f l'un....		3,000 »	
		12,000 »	

Menues dépenses des tribunaux et des parquets.........			29,400 »
Procureur Général.			
Menues dépenses pour le parquet.........	900 »		
Menues dépenses pour le bureau administratif et impressions diverses........	2,100 »	3,000 »	
Cour impériale.			
Menues dépenses et achat de livres pour la bibliothèque.........		3,000 »	
Tribunal de Saint-Denis.			
Menues dépenses du tribunal..........	1,800 »		
Menues dépenses du parquet..........	600 »	2,400 »	
Tribunal de Saint-Pierre.			
Menues dépenses du tribunal..........	1,200 »		
Menues dépenses du parquet.........	500 »	1,700 »	
Menus frais de neuf justices de paix.			
Saint-Denis (juge de paix).	400 »		
Saint-Paul (idem). .	350 »		
Saint-Pierre (idem). .	300 »		
Saint-Benoit (idem). .	300 »		
Saint-André (idem). .	250 »		
Saint-Louis (idem). .	250 »		
A reporter	1,850 »	10,100 »	2,058,845 »

Report.....		1,850 »	10,400 »	2,058,845 »
Ste-Suzanne (juge de paix)		250 »		
Saint-Joseph (idem)...		200 »		
Saint-Leu (idem)...		200 »		
			2,500 »	

Divers agents des tribunaux.

1 Avocat du Gouvernement à St-Denis......	5,000			
1 Avocat du Gouvernement dans la partie Sous-le-Vent......	2,000			
		7,000 »		
1 Concierge du Palais de Justice à Saint-Denis.		2,000 »		
1 Garçon de bureau pour le procureur général..		600 »		
6 Frotteurs :				
2 pour la Cour impériale, à 400f l'un...	800			
2 pour le tribunal de Saint-Denis, à 400f.	800			
1 pour le bureau administratif..	400			
1 pour le tribunal de Saint-Pierre....	400			
		2,400 »		
1 Garçon de salle pour la Cour impériale.....	1,500			
1 Garçon de salle pour le tribunal de Saint-Denis.....	1,500			
1 Garçon de salle pour le tribunal de Saint-Pierre.....	1,500			
		4,500 »		
Frais de bureau d'assis-				
A reporter.....		16,500 »	12,600 »	2,058,845 »

Report.....	16,500 »	12,600 »	2,058,845 »
tance judiciaire (pour deux bureaux).	300 »		
		16,800 »	
		29,400 »	

Indemnités pour fournitures de bureau à allouer à divers services non compris au personnel obligatoire..			860 »
Pour le service des archives et du Bulletin officiel de la colonie.	300 »		
Au bureau militaire (milices).	180 »		
Au président de la commission des morues. .	200 »		
Au secrétaire de la commission sanitaire. . .	180 »		
		860 »	

Divers agents.			11,080 »
1 Délégué du bureau des finances et approvisionnements chargé de la solde des ouvriers des ponts et chaussées : traitement 4,000f, frais de tournées 3,000f. .	7,000 »		
2 Gardes à la Plaine des Cafres à 1,200f l'un. .	2,400 »		
4 Pions du Gouvernement à 420 l'un.	1,680 »		
		11,080 »	

Art. 2. — Dépenses assimilées à la solde. .

Frais de route, frais de passage, indemnité de lit de bord, en ce qui concerne les fonctionnaires et agents compris dans cet état.. .	56,900 »
	2,127,685 »
A déduire : Le 45e pour le produit présumé des retenues à opérer sur le traitement des fonc-	
A reporter.....	2,127,685 »

Report.....			2,127,685 »
tionnaires et agents admis aux hôpitaux et pour les incomplets.			47,281 »
			2,080,404 »
Art. 3. — Pensions accordées sur les fonds du Service local.			35,613 84
Pensions accordées par divers décrets et arrêtés.		21,615 »	
Pensions accordées à divers professeurs du lycée ou à leurs veuves.		13,998 84	
		35,613 84	
Art. 4. — Hôpitaux.			142,577 »
276 Fonctionnaires et employés du Service local donnant 1,670 journées à 7f l'une.	11,753 »		
562 Agents inférieurs du Service local donnant 5,128 journées à 4f l'une.	20,512 »		
		32,265 »	
85 Indigents blancs donnant 2,550 journées à 4f l'une.	10,200 »		
80 Indigents affranchis donnant 2,400 journées à 2f 50 l'une. . .	6,000 »		
		16,200 »	
84 Condamnés de la 1re catégorie donnant 1,478 journées à 4f l'une. . .	5,912 »		
860 Condamnés de la 2e catégorie donnant 15,695 journées à 2f 50 l'une.	39,237 50		
		45,149 50	
490 Disciplinaires donnant 4,471 journées à 2f 50 l'une. . . .		11,177 50	
712 Engagés et agents de l'atelier colonial donnant 5,773 journées à 2f 50 l'une.		14,432 50	
585 Filles pouvant être internées au			
A reporter.....		119,224 50	2,258,594 84

Report.....	119,224 50	2,258,594 84
dispensaire donnant 8,541 journées à 2f 50..	21,352 50	
Aliénés mis en observation à l'hôpital colonial.	2,000 »	
	142,577 »	
Art. 5. — Dépenses d'exercices clos.		8,000 »
TOTAL des dépenses obligatoires du Personnel. . .		2,266,594 84

Chapitre 2. — Matériel.

Art. 1er. — Frais de perception de l'impôt. . .		120,000 »
Frais de premier avertissement, contraintes, restitution de droits indûment perçus, frais de poursuites et d'instances pour l'enregistrement.	50,000 »	
Dégrèvements..	70,000 »	
	120,000 »	
Art. 2. — Frais de matériel des administrations financières.		103,150 »
Matériel des douanes, embarcations, postes des visites à Saint-Denis. .	5,000 »	
Achat de papier pour timbre et registres pour l'enregistrement.	3,000 »	
Frais d'impressions pour les trois services financiers.	30,000 »	
Bureaux du service de l'enregistrement et des domaines.	3,150 »	
Bureaux du service des contributions.	3,000 »	
Bureaux du service des douanes à Saint-Denis et caves pour l'entrepôt spécial des rhums..	10,000 »	
Bureau de l'inspecteur divisionnaire de la Douane.	1,000 »	
Logement du chef du bureau principal de la Douane.	2,400 »	
Bureau et magasins des douanes à Saint-Pierre.	3,000 »	
Logement du chef du bureau des doua-		
A reporter.....	60,550 »	223,150 »

Report.....	60,550 »	223,150 »
nes à Saint-Paul..........	1,200 »	
Corps de garde des douanes dans les diverses localités.........	400 »	
Matériel de la poste aux lettres et transport des lettres par la diligence...............	41,000 »	
	103,150 »	

Art. 3. — Loyers, Mobiliers, Ameublements. .		34,500 »
Loyers pour les écoles, les instituteurs et les institutrices, dépenses d'ameublement pour les écoles....	15,000 »	
Ameublement de l'hôtel de la Direction de l'intérieur............	1,200 »	
Bureau administratif du Procureur général..............	2,400 »	
Bureau pour l'inspecteur de l'instruction publique...........	1,000 »	
Bureau du vérificateur des poids et mesures..............	1,000 »	
Bureaux des ponts et chaussées: 1 à Saint-Benoit et 2 à Saint-Pierre, à 1,200f l'un.............	3,600 »	
Bureaux de la Police centrale....	1,500 »	
Bureaux des receveurs des postes aux lettres à Saint-Pierre et à Saint-Paul, à 400f l'un.............	800 »	
Ameublement des bureaux......	8,000 »	
	34,500 »	

Art. 4. — Casernement de la Gendarmerie.		75,200 »
Loyers des casernes (de Saint-André, Saint-Joseph, la Possession, Salazie, Sainte-Rose, Plaine des Palmistes, Saint-Philippe, Saint-Louis, les Avirons, la Saline et le Tampon.	21,200 »	
Bureau de la Gendarmerie à Saint-Denis...............	1,000 »	
Réparation et entretien des casernes.	53,000 »	
	75,200 »	
A reporter......		332,850 »

Report..... 332,850 »

Art. 5. — Matériel des ateliers de discipline et des prisons....... 255,694 50

81 Détenus de la 1re catégorie donnant journées....	29,565		
A déduire le 20e pour les hôpitaux....	1,478		
Reste......	28,087		
28,087 rations à 0,70......		19,660 90	
860 Détenus de la 2e catégorie donnant journées........	313,900		
A déduire le 20e pour les hôpitaux....	15,695		
Reste......	298,205		
298,205 rations à 0,40.....		119,282 »	
490 Disciplinaires donnant journées.....	178,850		
A déduire le 40e pour les hôpitaux....	4,471		
Reste....	174,379		
174,379 rations à 0,40....		69,751 60	
32,000 rations à rembourser pour les détenus des geôles dans les communes, à 0f25 l'une.......		8,000 »	
Entretien des condamnés et menues dépenses des prisons.........		31,000 »	
Matériel des ateliers de discipline (habillement et campement)....		8,000 »	
		255,694 50	
Art. 6. — Entretien de l'atelier colonial.....			255,000 »
Art. 7. — Travaux d'entretien.......			651,450 »
Grosses réparations, entretien des édifices coloniaux.........		65,950 »	
Travaux maritimes..........		12,100 »	
A reporter.....		78,050 »	1,494,994 50

Report....	78,050 »	1,494,994 50
Travaux d'entretien des routes et des ouvrages d'art.	573,400 »	
	651,450 »	
Art. 8. — Chauffage et éclairage des corps de garde, du phare et des établissements coloniaux. .		5,000 »
Art. 9. — Frais de route et de repatriement d'indigents et d'immigrants		2,000 »
Art. 10. — Dépenses des aliénés et des lépreux.		60,700 »
Aliénés.	20,000 »	
Lépreux.	40,700 »	
	60,700 »	
Art. 11. — Tables décennales de l'Etat civil. . .		3,000 »
Art. 12. — Frais de conservation et d'entretien du dépôt des actes de l'Etat civil et autres à Paris.		1,000 »
Art. 13. — Frais relatifs aux mesures sanitaires . .		12,200 »
Art. 14. — Achats de terrains et d'immeubles (pour mémoire).		»
Art. 15. — Frais de la Chambre de commerce. . .		5,400 »
Art. 16. — Part attribuée à la métropole sur la taxe des lettres transportées par paquebots anglais.		12,000 »
Art. 17. — Remboursement aux communes.		1,298,736 72
Les 3/5 du principal de la contribution personnelle revenant aux communes.	305,045 46	
Centimes additionnels ordinaires au principal de la contribution personnelle, votés par les communes. .	91,590 90	
Total des cotisations municipales sur la valeur des maisons et emplacements.	79,090 »	
Le tiers du principal de l'impôt sur les voitures suspendues revenant aux communes.	26,659 73	
Total des centimes additionnels ordinaires au principal de l'impôt sur les voitures suspendues, votés par les communes	2,124 25	
Le 10ᵉ du principal de l'impôt sur les patentes.	69,181 29	
A reporter.....	573,691 63	2,895,031 22

Report.....	573,694 63	2,895,031 22
Centimes additionnels ordinaires à l'impôt sur les patentes, votés par les communes.	47,045 09	
Répartition entre les communes du 10e du droit de 0 f. 825 et de la taxe municipale de 0f 25 sur les spiritueux.	665,000 »	
Répartition entre les communes du 10e de l'impôt sur la fabrication et la vente des tabacs.	13,000 »	
	1,298,736 72	

Art. 18. — Dépenses d'exercice clos.	10,000 »
Total des dépenses obligatoires du Matériel. . .	2,905,031 22

SECTION 2.

DÉPENSES FACULTATIVES.

Chapitre 3. — Personnel.

ARTICLE 1er. — SOLDE.

Secrétariat du Gouvernement			3,400 »
1 Commis.		2,500 »	
Indemnité à M. de Fontenet, secrétaire du Gouvernement. . . .		900 »	
		3,400 »	
Personnel de la Direction de l'intérieur. . . .			13,050 »
Archives de la Colonie.			4,400 »
1 Archiviste colonial.		4,000 »	
1 Garçon de bureau.		400 »	
		4,400 »	
Personnel secondaire des Ponts et Chaussées.			41,860 »
2 Conducteurs auxiliaires à 2,800 l'un^{f}.		5,600 »	
1 Agent secondaire de 1re classe : traitement $3,200^{f}$, indemnité de logement 360^{f}.	3,560 »		
3 Autres agents de 1re classe à 2,400 l'un. .	7,200 »		
1 Agent secondaire de 2e classe.	2,000 »		
1 Agent secondaire de 3e classe.	1,600 »		
		14,360 »	
Indemnité supplémentaire aux ingénieurs coloniaux :			
A l'ingénieur du 2e arrondissement. . . .	1,500 »		
A l'ingénieur du 3e arrondissement.	1,500 »		
		3,000 »	
Supplément aux conducteurs pour frais de service.		16,000 »	
A reporter.		38,960 »	62,710 »

Report.....		38,960 »	62,740 »
Supplément au gérant.		1,000 »	
Second commis de la gérance. . .		1,900 »	
		41,860 »	
Agents du Commerce et emballeurs de l'Entrepôt réel.			10,500 »
1 Agent du commerce.		5,000 »	
1 Chef emballeur..		1,200 »	
1 Emballeur.		1,000 »	
4 Emballeurs : 2 à 900f, 1 à 800f et 1 à 700f		3,300 »	
		10,500 »	
Evêché. — Frais de domesticité..			1,800 »
Jardin			11,740 »
1 Jardinier botaniste.		6,200 »	
Garçons jardiniers.		5,060 »	
1 Gardien.		480 »	
		11,740 »	
Agents au Syndicat des travailleurs. . . .			7,200 »
1 Interprète des dialectes de l'Inde à Saint-Denis.		6,000 »	
1 Interprète des dialectes de l'Inde à Saint-Pierre.		1,200 »	
		7,200 »	
Service des ports.			22,680 »
Observatoire.			
1 Commis.	1,800 »		
1 Garçon de bureau. . .	300 »		
		2,100 »	
Phare.			
1 Gardien chef.	1,800 »		
1 Gardien.	1,200 »		
A reporter......	3,000 »	2,100 »	116,630 »

Report......	3,000 »	2,100 »	116,630 »
1 Garçon de bureau. . .	400 »		
		3,400 »	

Vigies.

1 Gardien chef.	2,000 »	
5 Gardiens à 1,300f l'un.	6,500 »	
1 Aide-vigiste (montagne de Saint-Denis) . . .	1,000 »	
		9,500 »

Ports et rades.

1 Surveillant de la rade à la Possession. . . .		1,500 »	
1 Garçon de bureau du port de Saint-Paul. .		360 »	
2 Patrons de canot à St-Pierre et à Saint-Paul à 540f l'un		1,080 »	
9 Canotiers dont 5 à Saint-Pierre et 4 à Saint-Paul à 360f l'un. . .		3,240 »	
Indemnité de logement :			
1 Lieutenant de port à St-Paul..	600		
3 Pilotes à St-Denis à 300f l'un...	900		
		1,500 »	
			7,680 »
			22,680 »

Service de santé (pour mémoire)

Magasin général du Service local. . .		1,800 »
Supplément au garde magasin pour sa responsabilité.	600 »	
2 Aides-magasiniers à 600f l'un. . .	1,200 »	
	1,800 »	
A reporter....		118,430 »

		Report......	148,430 »
Plaine des Cafres.			2,000 »
Indemnité au syndic.		2,000 »	
Bibliothèque et Musée.			9,000 »
1 Bibliothécaire.......	4,500 »		
1 Commis.	900 »		
		5,400 »	
1 Préparateur au musée	3,000 »		
1 Gardien.	600 »		
		3,600 »	
		9,000 »	
Personnel du service administratif de la léproserie.			10,600 »
1 Aumônier, directeur de l'établissement.		3,000 »	
1 Econome.		1,200 »	
1 Surveillant.		1,200 »	
4 Infirmiers à divers traitements. .		1,200 »	
4 Sœurs de Marie à 1,000f l'une. .		4,000 »	
		10,600 »	
Lazarets.			23,880 »
1 Capitaine des lazarets (chirurgien de 2e classe) traitement.		4,080 »	
2 Agents comptables à 3,600f l'un. .		7,200 »	
2 Gardiens à 1,800f l'un.		3,600 »	
1 Infirmier.		1,800 »	
1 Garde sanitaire aux lieux d'isolement.		1,200 »	
200 journées, indemnité à 30f au capitaine des lazarets.		6,000 »	
		23,880 »	
Art. 2. — Dépenses assimilées à la solde. . .			10,000 »
Frais de route et de passage pour le personnel facultatif de la Colonie.		8,000 »	
A reporter....		8,000 »	173,910 »

Report.....	8,000 »	173,910 »
Frais du secrétariat du service des milices.	2,000 »	
	10,000 »	
Art. 3. — Dépenses d'exercices clos.		1,700 »
TOTAL des dépenses facultatives du Personnel. . .		175,610 »

Chapitre 4. — Matériel.

Art. 1er. — Travaux neufs.		1,244,400 »
Travaux maritimes.	200,000 »	
Bâtiments civils et édifices coloniaux.	490,400 »	
Routes, canaux et ponts	549,000 »	
Gratifications aux chefs d'ateliers, aux sous-chefs de brigades et aux commandeurs de l'atelier colonial.	5,000 »	
	1,244,400 »	
Art. 2. — Achats de terrains et d'immeubles.		
Paiement du 1er terme de l'emplacement J.-B. Brulon, pour la geôle des femmes et le dépôt de la 1re compagnie de l'atelier de discipline.		40,000 »
Art. 3. — Constructions navales.		800 »
Art. 4. — Approvisionnements divers autres que ceux destinés pour les travaux. . . .		12,400 »
Matériel contre les incendies.	3,000 »	
Matériel du jardin public.	400 »	
Matériel des vigies.	9,000 »	
	12,400 »	
Art. 5. — Atelier colonial (augmentation). . . .		60,000 »
Art. 6. — Indemnité au président du tribunal de 1re instance connaissant des affaires commerciales, pour son bureau.		1,500 »
Art. 7. — Frais de transport par terre et par eau. .		6,000 »
Art. 8. — Entretien des armes de la milice. . . .		3,000 »
A reporter.....		1,368,100 »

	Report.....	1,368,400 »
Art. 9.— Frais d'impressions, de reliure, etc.		50,500 »
Frais d'impressions et de reliure. .	44,000 »	
Affiches et publications.	1,000 »	
Abonnements aux journaux	5,000 »	
Achat de registres en blanc pour les services autres que les administrations financières.	500 »	
	50,500 »	
Art. 10. — Annuaire de la Colonie (rédaction) . .		2,000 »
Art. 11. — Encouragements aux cultures et à l'industrie, aux sciences, arts, etc.		25,000 »
Art. 12. — Instruction publique		447,490 »
Secours pour la création d'ouvroirs. .	20,000 »	
Lycée.	274,290 »	
École professionnelle et pénitencier.	60,000 »	
Secours pour l'instruction publique.	8,000 »	
Bourses aux écoles d'Alfort, de Châlons, dans les lycées de France et aux séminaires.	10,800 »	
Bourses à l'école centrale.	5,000 »	
Bourses au lycée de la Colonie. . .	26,400 »	
Bourses au petit séminaire de la Colonie.	4,000 »	
2 Bourses à l'école polytechnique. .	2,000 »	
Subvention au jeune de Lestrac. . .	2,000 »	
Secours au jeune P. Bouvet, élève en chirurgie.	2,000 »	
Subvention pour préparation d'un sujet à l'école normale.	2,000 »	
Prix d'honneur.	1,000 »	
	447,490 »	
Art. 13. — Subventions.		355,278 35
Subvention à la fabrique de la cathédrale de Saint-Denis..	12,000 »	
Subvention aux communes pour l'entretien des vieillards, des infirmes		
A reporter.....	12,000 »	2,218,368 35

Report.....	12,000 »	2,218,368 35
et des enfants abandonnés. . . .	25,000 »	
Subvention pour le service postal, voie d'Aden, par bateaux à vapeur..	309,278 35	
Subvention au district de la Plaine des Palmistes.	5,000 »	
Subventions aux deux poëtes créoles à Paris : Lacaussade et Leconte de l'Isle	4,000 »	
Subvention à la mission de Zanzibar (mémoire).	»	
	355,278 35	

Art. 14. — Dépenses diverses. . . . . 41,400 »

Dépenses pour l'Exposition permanente à Paris.	3,000 »
Dépenses pour le Musée.	5,000 »
Dépenses pour la Bibliothèque publique (achat de livres).	3,000 »
Dépenses pour la Chambre d'agriculture.	3,000 »
Dépenses pour le Conseil général. .	9,000 »
Dépenses pour le secrétariat du Comité consultatif des colonies.. . .	900 »
Frais de procédures civiles.	1,500 »
Frais de police secrète.	10,000 »
Célébration des fêtes publiques. . .	6,000 »
	41,400 »

Art. 15. — Dépenses imprévues. 39,079 33
Art. 16. — Dépenses d'exercices clos. . . . . 15,000 »

Total des dépenses facultatives du Matériel. . 2,313,847 68

RÉCAPITULATION.

Dépenses obligatoires.

Personnel.	2,266,594 84	
Matériel.	2,905,031 22	
		5,171,626 06
	A reporter.....	5,171,626 06

	Report.....	5,171,626 06

Dépenses facultatives.

Personnel.	175,610 »	
Matériel.	2,313,847 68	
		2,489,457 68
Total général des dépenses. . . .		7,661,083 74

Arrêté en séance du Conseil privé, le 15 décembre 1862, le présent Budget des dépenses s'élevant à la somme de *sept millions six cent soixante et un mille quatre-vingt-trois francs soixante quatorze centimes*, dont *un million deux cent quatre-vingt dix-huit mille sept cent trente-six francs soixante douze centimes* pour les communes.

Le Gouverneur,
Signé Baron DARRICAU.

Par le Gouverneur:

Le Directeur de l'Intérieur,
Signé CH. DE LAGRANGE.

BUDGET EXTRAORDINAIRE.

RECETTES.

Solde du fonds d'immigration. . . .	99,461 83	
Taxe spéciale d'introduction et de réengagement.	85,000 »	
		184,461 83

DÉPENSES.

Achèvement du lazaret de la Grande-Chaloupe. . .	140,000 »
Chemin du Lazaret à Saint-Denis.	44,461 83
Total égal au crédit.	184,461 83

N° 1298. — *ARRÊTÉ relatif à la succession du sieur François Ballan tombée en déshérence.*

Du 15 Décembre 1862.

NOUS GOUVERNEUR DE L'ILE DE LA RÉUNION,

Vu l'article 104, § 20, de l'ordonnance du 21 août 1825;

Vu le jugement du tribunal civil de Saint-Denis en date du 10 avril 1862, prononçant l'apurement définitif de la gestion qu'à eu le curateur aux successions et biens vacants de l'arrondissement judiciaire de Saint-Denis, de la succession vacante du sieur François Ballan, décédé à Saint-Denis le 27 novembre 1810.

Vu les articles 777, 789, 2262 du Code Napoléon et 26 du décret du 27 janvier 1855;

Vu les propositions du chef du service de l'enregistrement et des domaines;

Attendu que le reliquat net de la succession du sieur Ballan s'élève à la somme de onze mille quatre cent trente-quatre francs cinq centimes et qu'à défaut d'héritiers connus et de revendication de leur part, cette somme se trouve irrévocablement acquise au Domaine de la Colonie, par l'effet de la prescription trentenaire.

Sur le rapport du Directeur de l'intérieur,

Le Conseil privé entendu,

AVONS ARRÊTÉ ET ARRÊTONS :

Art. 1er. Le receveur des domaines de Saint-Denis est autorisé à retirer du Trésor, au compte courant des successions vacantes, et à se charger en recette au titre de : Produits des Domaines, de la somme de onze mille quatre cent trente-quatre francs cinq centimes, formant le reliquat net de la succession du sieur François Ballan, acquise définitivement au Domaine de la Colonie, par suite de la prescription trentenaire.

2. L'Ordonnateur et le Directeur de l'intérieur

sont chargés, chacun en ce qui le concerne, de l'exécution du présent arrêté qui sera inséré au *Bulletin officiel* de la Colonie.

Saint-Denis, le 15 décembre 1862.

Baron DARRICAU.

Par le Gouverneur:

Le Directeur de l'Intérieur,

CH. DE LAGRANGE.

N° 1299. — *ARRÊTÉ qui autorise la commune de Saint-Benoît à mettre en recouvrement des centimes additionnels au principal des ses contributions ainsi qu'une cote municipale sur la valeur estimative des maisons et emplacements.*

Du 15 Décembre 1862.

NOUS GOUVERNEUR DE L'ILE DE LA RÉUNION,

Vu l'article 9 du sénatus-consulte du 3 mai 1854, réglant la constitution des colonies;

Vu l'article 136 du décret financier du 26 septembre 1855;

Vu le budget de la commune de Saint-Benoit pour 1863;

Vu la délibération du Conseil municipal de cette commune dans sa séance extraordinaire du 9 octobre dernier;

Considérant, d'après les règles de la comptabilité municipale en vigueur dans la Métropole, que les communes ont le droit d'ajouter des centimes additionnels au principal des contributions directes pour assurer le paiement de leur dépenses ordinaires;

Sur le rapport du Directeur de l'intérieur,

Le Conseil privé entendu,

Avons arrêté et arrêtons :

Art. 1er. La commune de Saint-Benoît est autorisée à mettre en recouvrement pour l'année 1863 ;

1° Des centimes additionnels ordinaires sur le principal de la contribution personnelle à raison de un franc par côte ;

2° Des centimes additionnels ordinaires sur le principal de l'impôt, sur les patentes, y compris les licences des fabricants et débitants de tabac, et celles des fabricants de rhums, à raison de dix centimes pour franc ;

3° Des centimes additionnels ordinaires sur les licences de débit de rhum à raison de quatre-vingt dix centimes pour franc ;

4° Une cotisation municipale à raison de quinze centimes pour cent francs sur la valeur estimative des maisons et emplacements.

2. Le Directeur de l'intérieur est chargé de l'exécution du présent arrêté qui sera publié, enregistré partout où besoin sera, inséré au *Bulletin officiel* de la Colonie et déposé au Contrôle colonial.

Saint-Denis, le 15 décembre 1862.

Baron DARRICAU.

Par le Gouverneur :

Le Directeur de l'Intérieur,

Ch. de Lagrange.

N° 1300. — *ARRÊTÉ qui autorise la commune de Sainte-Marie à mettre en recouvrement pour* 1863 *des centimes additionnels au principal de ses contributions.*

Du 15 Décembre 1862.

Nous Gouverneur de l'île de la Réunion,

Vu l'article 9 du sénatus-consulte du 3 mai 1854 réglant la constitution des colonies ;

Vu l'article 136 du décret financier du 26 septembre 1855;

Vu le budget de la commune de Sainte-Marie pour 1863;

Vu la délibération du Conseil municipal de cette commune dans sa séance extraordinaire du 14 août 1862;

Considérant, d'après les règles de la comptabilité municipale en vigueur dans la Métropole, que les communes ont le droit d'ajouter des centimes additionnels au principal des contributions directes pour assurer le paiement de leurs dépenses ordinaires;

Sur le rapport du Directeur de l'intérieur,

Le Conseil privé entendu,

AVONS ARRÊTÉ ET ARRÊTONS :

Art. 1er. La commune de Sainte-Marie est autorisée à mettre en recouvrement pour 1863 des centimes additionnels:

1° Sur le principal de la contribution personnelle à raison de vingt centimes pour franc;

2° Sur les licences de débit de rhum à raison de quatre-vingt dix centimes par franc;

3° Sur le principal de l'impôt, sur les patentes, y compris les licences de fabricants et débitants de tabac, celles de fabricants de rhum et débitants de liqueurs, à raison de vingt centimes par franc.

2. Le Directeur de l'intérieur est chargé de l'exécution du présent arrêté qui sera publié, enregistré partout où besoin sera et déposé au Contrôle colonial.

Saint-Denis, le 15 décembre 1862.

Baron DARRICAU.

Par le Gouverneur:

Le Directeur de l'Intérieur,

CH. DE LAGRANGE.

N° 1301. — *ARRÊTÉ qui autorise le district de la Plaine des Palmistes à mettre en recouvrement des centimes additionnels sur les licences de débit de rhum pour 1863.*

Du 15 Décembre 1862.

NOUS GOUVERNEUR DE L'ILE DE LA RÉUNION,

Vu l'article 9 du sénatus-consulte du 3 mai 1854 réglant la constitution des colonies;

Vu l'article 136 du décret financier du 26 septembre 1855;

Vu le budget du district de la Plaine des Palmistes pour 1863;

Vu la délibération de l'Agence municipale de ce district, dans sa séance extraordinaire du 26 août 1862;

Considérant, d'après les règles de la comptabilité municipale en vigueur dans la Métropole, que les communes ont le droit d'ajouter des centimes additionnels au principal des contributions directes pour assurer le paiement de leurs dépenses ordinaires;

Sur le rapport du Directeur de l'intérieur,

Le Conseil privé entendu,

AVONS ARRÊTÉ ET ARRÊTONS :

Art. 1er. Le district de la Plaine des Palmistes est autorisé à mettre en recouvrement pour 1863,

Des centimes additionnels sur les licences de débit de rhum, à raison de soixante centimes pour franc.

2. Le Directeur de l'intérieur est chargé de l'exécution du présent arrêté, qui sera publié, enregistré partout où besoin sera, inséré au *Bulletin officiel* de la Colonie et déposé au Contrôle colonial.

Saint-Denis, le 15 décembre 1862.

Baron DARRICAU.

Par le Gouverneur :

Le Directeur de l'Intérieur,

CH. DE LAGRANGE.

N° 1302. — *ARRÊTÉ qui autorise la commune de Saint-Paul à mettre en recouvrement des centimes additionnels au principal de la contribution pour l'exercice 1863.*

Du 15 Décembre 1862.

Nous Gouverneur de l'ile de la Réunion,

Vu l'article 9 du sénatus-consulte du 3 mai 1854 réglant la constitution des colonies ;

Vu l'article 136 du décret financier du 26 septembre 1855 ;

Vu le budget de la commune de Saint-Paul pour 1863 ;

Vu la délibération du Conseil municipal de cette commune dans sa séance extraordinaire du 8 août dernier ;

Considérant, d'après les règles de la comptabilité municipale en vigueur dans la Métropole, que les communes ont le droit d'ajouter des centimes additionnels au principal des contributions directes pour assurer le paiement de leurs dépenses ordinaires ;

Sur le rapport du Directeur de l'intérieur,

Le Conseil prive entendu,

Avons arrêté et arrêtons :

Art. 1er. La commune de Saint-Paul est autorisée à mettre en recouvrement pour l'année 1863 :

1° Une cotisation municipale à raison de trente-trois centimes pour cent francs sur la valeur estimative des maisons et emplacements ;

2° Des centimes additionnels sur le principal de l'impôt des voitures suspendues, à raison de dix-sept centimes pour franc.

2. Le Directeur de l'intérieur est chargé de l'exécution du présent arrêté, qui sera publié, enregistré partout où besoin sera, inséré au *Bulle-*

tin officiel de la Colonie et déposé au Contrôle colonial.

Saint-Denis, le 15 décembre 1862.

Baron DARRICAU.

Par le Gouverneur :

Le Directeur de l'Intérieur,
CH. DE LAGRANGE.

N° 1303. — *ARRÊTÉ qui autorise la commune de Saint-Denis à mettre en recouvrement une taxe municipale et des centimes additionnels au principal de la contribution pour l'exercice* 1863.

Du 15 Décembre 1862.

NOUS GOUVERNEUR DE L'ILE DE LA RÉUNION,

Vu l'article 9 du sénatus-consulte du 3 mai 1854 réglant la constitution des colonies ;

Vu l'article 136 du décret financier du 26 septembre 1855 ;

Vu l'arrêté du 15 avril 1854 qui autorise la commune de Saint-Denis à contracter un emprunt de 400,000 francs pour être spécialement affecté à la construction d'un hôtel de ville, et à voter annuellement pendant dix ans des centimes extraordinaires, conformément à l'arrêté du 9 mars 1849, pour assurer le remboursement de cet emprunt ;

Vu l'arrêté du 9 juillet 1858 autorisant cette commune à s'imposer annuellement pendant dix ans consécutifs, à partir du 1er janvier 1859, des centimes extraordinaires à raison de quatre-vingts pour cent sur les droits de licences de débit de rhum, afin d'acquitter l'emprunt de deux cent mille francs qu'elle a été autorisée à contracter par le même arrêté, afin de faire face aux dépenses qu'occasionneront les travaux d'achèvement de l'hôtel de ville;

Considérant, d'après les règles de la comptabilité municipale en vigueur dans la Métropole, que les communes ont le droit d'ajouter des centimes additionnels au principal des contributions directes pour assurer le paiement de leurs dépenses ordinaires, et qu'elles sont également autorisées à s'imposer extraordinairement pour satisfaire aux charges qui dépasseraient leurs revenus habituels;

Considérant que les centimes extraordinaires ne doivent avoir pour objet que de subvenir aux dépenses étrangères au budget ordinaire autant que celles-ci ne peuvent être comblées par les ressources et les centimes additionnels ordinaires;

Considérant qu'avec ses ressources et les centimes additionnels, la commune de Saint-Denis peut non seulement satisfaire à ses dépenses habituelles, mais à celles qui sont étrangères au budget ordinaire sans avoir recours aux centimes extraordinaires;

Sur le rapport du Directeur de l'intérieur,

Le Conseil privé entendu,

AVONS ARRÊTÉ ET ARRÊTONS:

Art. 1er. La commune de Saint-Denis est autorisée à mettre en recouvrement pour 1863;

1° Une cotisation municipale à raison de vingt-cinq centimes pour cent francs, sur la valeur estimative des maisons et emplacements;

2° Des centimes additionnels sur le principal de la contribution sur les patentes, y compris les licences de fabricants de rhum et de liqueurs, ainsi que celles des fabricants et débitants de tabacs, à raison de dix centimes pour franc;

3° Des centimes additionnels sur les licences

de débit de rhum, à raison de quatre-vingts centimes pour franc;

2. Le Directeur de l'intérieur est chargé de l'exécution du présent arrêté qui sera publié, enregistré où besoin sera et inséré au *Bulletin officiel* de la Colonie et déposé au Contrôle.

Saint-Denis, le 15 décembre 1862.

Baron DARRICAU.

Par le Gouverneur :

Le Directeur de l'Intérieur,

CH. DE LAGRANGE.

N° 1304.—*ARRÊTÉ qui autorise la commune de Saint-André à mettre en recouvrement pour* 1863 *des centimes additionnels au principal de ses contributions.*

Du 15 Décembre 1862.

NOUS GOUVERNEUR DE L'ILE DE LA RÉUNION,

Vu l'article 9 du sénatus-consulte du 3 mai 1854 réglant la constitution des colonies;

Vu l'article 136 du décret financier du 26 septembre 1855;

Vu le budget de la commune de Saint-André pour 1863;

Vu la délibération du Conseil municipal de cette commune dans sa séance extraordinaire du 26 juin dernier;

Considérant, d'après les règles de la comptabilité municipale en vigueur dans la Métropole, que les communes ont le droit d'ajouter des centimes additionnels au principal des contributions directes pour assurer le paiement de leurs dépenses ordinaires;

Sur le rapport du Directeur de l'intérieur,

Le Conseil privé entendu,

AVONS ARRÊTÉ ET ARRÊTONS :

Art. 1er. La commune de Saint-André est autorisée à mettre en recouvrement pour 1863 des centimes additionnels ordinaires :

1° Sur le principal de la contribution personnelle à raison de quarante centimes pour franc ;

2° Sur les licences de débit de rhum à raison de cinquante centimes pour franc.

2. Le Directeur de l'intérieur est chargé de l'exécution du présent arrêté qui sera publié, enregistré où besoin sera, inséré au *Bulletin officiel* de la Colonie et déposé au Contrôle colonial.

Saint-Denis, le 15 décembre 1862.

Baron DARRICAU.

Par le Gouverneur :

Le Directeur de l'Interieur,

CH. DE LAGRANGE.

N° 1305. — *ARRÊTÉ qui autorise la commune de Saint-Philippe à mettre en recouvrement pour 1863 des centimes additionnels au principal de ses contributions.*

Du 15 Décembre 1862.

NOUS GOUVERNEUR DE L'ILE DE LA RÉUNION,

Vu l'article 9 du sénatus-consulte du 3 mai 1854 réglant la constitution des colonies ;

Vu l'article 136 du décret financier du 26 septembre 1855 ;

Vu le budget de la commune de Saint-Philippe pour 1863 ;

Vu la délibération du Conseil municipal de cette commune, dans sa séance ordinaire du 10 août 1862 ;

Considérant, d'après les règles de la comptabilité municipale en vigueur dans la Métropole, que les communes ont le droit d'ajouter des centimes additionnels au principal des contributions directes pour assurer le paiement de leurs dépenses ordinaires;

Sur le rapport du Directeur de l'intérieur,

Le Conseil privé entendu,

AVONS ARRÊTÉ ET ARRÊTONS :

Art. 1er. La commune de Saint-Philippe est autorisée à mettre en recouvrement, pour 1863 :

Une cotisation municipale sur la valeur estimative des maisons et emplacements, à raison de quinze centimes pour cent francs;

Des centimes additionnels :

1° Sur le principal de la contribution personnelle, à raison de vingt centimes pour franc;

2° Sur l'impôt des voitures suspendues, à raison de vingt-cinq centimes pour franc;

3° Sur les licences de débit de rhum, à raison de quatre-vingt dix centimes pour franc;

4° Sur le principal de l'impôt sur les patentes, y compris les licences des fabricants et débitants de tabacs, celles de fabricants de rhum, et liqueurs, à raison de vingt-cinq centimes pour franc.

2. Le Directeur de l'intérieur est chargé de l'exécution du présent arrêté, qui sera publié, enregistré partout où besoin sera, inséré au *Bulletin officiel* de la Colonie et déposé au Contrôle colonial.

Saint-Denis, le 15 décembre 1862.

Baron DARRICAU.

Par le Gouverneur :

Le Directeur de l'Intérieur,

CH. DE LAGRANGE.

Nº 1306. — ARRÊTÉ *qui autorise la commune de Saint-Pierre à mettre en recouvrement pour 1863 une taxe municipale et des centimes additionnels au principal de la contribution.*

Du 15 Décembre 1862.

NOUS GOUVERNEUR DE L'ILE DE LA RÉUNION,

Vu l'article 9 du sénatus-consulte du 3 mai 1854 réglant la constitution des colonies;

Vu l'article 136 du décret financier du 26 septembre 1855;

Vu le budget de la commune de Saint-Pierre pour 1863;

Vu la délibération du Conseil municipal de cette commune dans sa séance extraordinaire du 28 juin 1862;

Considérant, d'après les règles de la comptabilité municipale en vigueur dans la Métropole, que les communes ont le droit d'ajouter des centimes additionnels au principal des contributions directes, pour assurer le paiement de leurs dépenses ordinaires;

Sur le rapport du Directeur de l'intérieur,

Le Conseil privé entendu,

AVONS ARRÊTÉ ET ARRÊTONS:

Art. 1er. La commune de Saint-Pierre est autorisée à mettre en recouvrement pour l'année 1863:

1° Une cotisation municipale sur la valeur estimative des maisons et emplacements, à raison de trente-huit centimes pour cent francs;

2° Des centimes additionnels sur le principal de la contribution personnelle, à raison de quarante centimes pour franc.

3° Des centimes additionnels sur l'impôt des licences de cantines, à raison de trente centimes pour franc.

2. Le Directeur de l'intérieur est chargé de

l'exécution du présent arrêté, qui sera publié, enregistré partout où besoin sera, inséré au *Bulletin officiel* de la Colonie et déposé au Contrôle colonial.

Saint-Denis, le 15 décembre 1862.

Baron DARRICAU.

Par le Gouverneur :

Le Directeur de l'Intérieur,

CH. DE LAGRANGE.

N° 1307. — ***ARRÊTÉ*** *qui autorise le district de Salazie à mettre en recouvrement pour 1863 des centimes additionnels au principal de la contribution personnelle.*

Du 15 Décembre 1862.

NOUS GOUVERNEUR DE L'ILE DE LA RÉUNION,

Vu l'article 9 du sénatus-consulte du 3 mai 1854 réglant la constitution des colonies ;

Vu l'article 136 du décret financier du 26 septembre 1855 ;

Vu le budget du district de Salazie pour 1863;

Vu la délibération de l'Agence municipale de ce district, dans sa séance du 9 août 1862, portant vote de centimes additionnels pour combler les dépenses du budget ordinaire;

Considérant, d'après les règles de la comptabilité municipale en vigueur dans la Métropole, que les communes ont le droit d'ajouter des centimes additionnels au principal des contributions directes pour assurer le paiement de leurs dépenses ordinaires;

Sur le rapport du Directeur de l'intérieur,

Le Conseil privé entendu,

AVONS ARRÊTÉ ET ARRÊTONS :

Art. 1er. Le district de Salazie est autorisé à

mettre en recouvrement, pour l'année 1863, des centimes additionnels ordinaires sur le principal de la contribution personnelle, à raison de trente-quatre centimes pour franc.

2. Le Directeur de l'intérieur est chargé de l'exécution du présent arrêté, qui sera publié, enregistré partout où besoin sera, inséré au *Bulletin officiel* de la Colonie et déposé au Contrôle colonial.

Saint-Denis, le 15 décembre 1862.

Baron DARRICAU.

Par le Gouverneur :

Le Directeur de l'Intérieur,

CH. DE LAGRANGE.

N° 1308.— ***ARRÊTÉ*** *qui autorise la commune de Sainte-Suzanne à mettre en recouvrement pour* **1863** *des centimes additionnels au principal de ses contributions.*

Du 15 Décembre 1862.

NOUS GOUVERNEUR DE L'ILE DE LA RÉUNION,

Vu l'article 9 du sénatus-consulte du 3 mai 1854 réglant la constitution des colonies ;

Vu l'article 136 du décret financier du 26 septembre 1855 ;

Vu le budget de la commune de Sainte-Suzanne pour 1863 ;

Vu la délibération du Conseil municipal de cette commune dans sa séance extraoadinaire du 15 juillet dernier ;

Considérant, d'après les règles de la comptabilité municipale en vigueur dans la Métropole, que les communes ont le droit d'ajouter des centimes additionnels au principal des contributions directes pour assurer le paiement de leurs dépenses ordinaires ;

Sur le rapport du Directeur de l'intérieur,

Le Conseil privé entendu,

AVONS ARRÊTÉ ET ARRÊTONS :

Art. 1er. La commune de Sainte-Suzanne est autorisée à mettre en recouvrement, pour l'année 1863, des centimes additionnels :

1° Sur le principal de la contribution personnelle à raison de soixante centimes pour franc ;

2° Sur les licences de débit de rhum à raison de quatre-vingt dix centimes pour franc ;

3° Sur les licences de dépôt de rhum à raison de quatre-vingt dix centimes pour franc ;

4° Sur le principal des patentes, y compris les licences de fabricants et débitants de tabacs et celles de fabricants de rhum et débitants de liqueurs, à raison de dix centimes pour franc.

2. Le Directeur de l'intérieur est chargé de l'exécution du présent arrêté qui sera publié, enregistré où besoin sera, inséré au *Bulletin officiel* de la Colonie et déposé au Contrôle colonial.

Saint-Denis, le 15 décembre 1862.

Baron DARRICAU.

Par le Gouverneur :

Le Directeur de l'Intérieur,

CH. DE LAGRANGE.

N° 1309. — *ARRÊTÉ qui autorise la commune de Sainte-Rose à mettre en recouvrement pour 1863 des centimes additionnels au principal de ses contributions.*

Du 15 Décembre 1862.

NOUS GOUVERNEUR DE L'ILE DE LA RÉUNION,

Vu l'article 9 du sénatus-consulte du 3 mai

1854 réglant la constitution des colonies ;

Vu l'article 136 du décret financier du 26 septembre 1855 ;

Vu le budget de la commune de Sainte-Rose pour 1863 ;

Vu la délibération du Conseil municipal de cette commune, dans sa séance extraordinaire du 23 juillet dernier ;

Considérant, d'après les règles de la comptabilité municipale en vigueur dans la Métropole, que les communes ont le droit d'ajouter des centimes additionnels au principal des contributions directes pour assurer le paiement de leurs dépenses ordinaires ;

Sur le rapport du Directeur de l'intérieur,

Le Conseil privé entendu,

AVONS ARRÊTÉ ET ARRÊTONS :

Art. 1er. La commune de Sainte-Rose est autorisée à mettre en recouvrement, pour 1863, des centimes additionnels :

1° Sur le principal de la contribution personnelle, à raison de quarante centimes pour franc ;

2° Sur l'impôt des voitures suspendues, à raison de dix centimes pour franc ;

3° Sur les licences de débit de rhum, à raison de soixante centimes pour franc ;

4° Sur le principal de la contribution sur les patentes, y compris les licences de fabricants de tabacs et celles de fabricants de rhum et débitants de liqueurs, à raison de dix centimes pour franc;

5° Une cotisation municipale, à raison de soixante quinze centimes pour cent francs, sur la valeur estimative des maisons et emplacements.

2. Le Directeur de l'intérieur est chargé de l'exécution du présent arrêté, qui sera publié, enregistré partout où besoin sera, inséré au *Bul-*

letin officiel de la Colonie et déposé au Contrôle colonial.

Saint-Denis, le 15 décembre 1862.

Baron DARRICAU.

Par le Gouverneur:

Le Directeur de l'Intérieur,

CH. DE LAGRANGE.

N° 1310. — *ARRÊTÉ qui autorise la commune de Saint-Joseph à mettre en recouvrement pour 1863 une taxe municipale et des centimes additionnels au principal de ses contributions.*

Du 15 Décembre 1862.

NOUS GOUVERNEUR DE L'ILE DE LA RÉUNION,

Vu l'article 9 du sénatus-consulte du 3 mai 1854 réglant la constitution des colonies;

Vu l'article 136 du décret financier du 26 septembre 1855;

Vu le budget de la commune de Saint-Joseph pour 1863;

Vu la délibération du Conseil municipal de cette commune, dans sa séance ordinaire du 6 août 1862;

Considérant, d'après les règles de la comptabilité municipale en vigueur dans la Métropole, que les communes ont le droit d'ajouter des centimes additionnels au principal des contributions directes pour assurer le paiement de leurs dépenses ordinaires;

Sur le rapport du Directeur de l'intérieur,

Le Conseil privé entendu,

AVONS ARRÊTÉ ET ARRÊTONS:

Art. 1er. La commune de Saint-Joseph est autorisée à mettre en recouvrement, pour 1863 :

1° Une cotisation municipale à raison de cinquante centimes pour cent francs, sur la valeur estimative des maisons et emplacements ;

2° Des centimes additionnels sur le principal de l'impôt personnel, à raison de deux francs par cote ;

3° Des centimes additionnels sur le principal de l'impôt des voitures, à raison de vingt centimes pour franc;

4° Des centimes additionnels sur le principal de l'impôt des patentes, à raison de dix centimes pour franc.

2. Le Directeur de l'intérieur est chargé de l'exécution du présent arrêté, qui sera publié, enregistré partout où besoin sera, inséré au *Bulletin officiel* de la Colonie et déposé au Contrôle colonial.

Saint-Denis, le 15 décembre 1862.

Baron DARRICAU.

Par le Gouverneur :

Le Directeur de l'Intérieur,

CH. DE LAGRANGE.

N° 1311.— *ARRÊTÉ qui autorise la commune de Saint-Leu à mettre en recouvrement pour 1863 une taxe municipale et des centimes additionnels au principal de ses contributions.*

Du 15 Décembre 1862.

NOUS GOUVERNEUR DE L'ILE DE LA RÉUNION,

Vu l'article 9 du sénatus-consulte du 3 mai 1854 réglant la constitution des colonies ;

Vu l'article 136 du décret financier du 26 septembre 1855 ;

Vu le budget de la commune de Saint-Leu pour 1863 ;

Vu la délibération du Conseil municipal de cette commune, dans sa séance extraordinaire du **23 juin 1862**;

Considérant, d'après les règles de la comptabilité municipale en vigueur dans la Métropole, que les communes ont le droit d'ajouter des centimes additionnels au principal des contributions directes pour assurer le paiement de leurs dépenses ordinaires;

Sur le rapport du Directeur de l'intérieur,

Le Conseil privé entendu,

AVONS ARRÊTÉ ET ARRÊTONS :

Art. 1er. La commune de Saint-Leu est autorisée à mettre en recouvrement pour 1863:

1° Des centimes additionnels sur le principal de l'impôt personnel, à raison de un franc par cote;

2° Des centimes additionnels sur les licences de débit de rhum, à raison de quatre-vingt dix centimes pour franc;

3° Une cotisation municipale à raison de quinze centimes pour cent francs, sur la valeur estimative des maisons et emplacements.

2. Le Directeur de l'intérieur est chargé de l'exécution du présent arrêté qui sera publié, enregistré partout où besoin sera, inséré au *Bulletin officiel* de la Colonie et déposé au Contrôle colonial.

Saint-Denis, le 15 décembre 1862.

Baron DARRICAU.

Par le Gouverneur :

Le Directeur de l'Intérieur,

CH. DE LAGRANGE.

N° 1312. — *ARRÊTÉ qui subroge le sieur Marius-Augustin Fille au droit d'établissement sur les cinquante pas géométriques concédé au sieur Adolphe Launé le 27 décembre 1845.*

Du 15 Décembre 1862.

NOUS GOUVERNEUR DE L'ILE DE LA RÉUNION,

Vu le décret du 5 août 1839;

Vu l'arrêté du 27 septembre 1845 portant permis d'établir au profit du sieur Adolphe Launé sur un terrain dépendant des pas géométriques de Saint-Pierre;

Vu l'acte du 10 mars 1860, au rapport de Me Burel, enregistré à Saint-Pierre le 14 mars 1860, f° 60, v°, c. 4 à 8 et f° 61 c. 1, pour 133 f. 41, par suite duquel MM. Louis Paillet et Fille frères se trouvent exercer les droits du sieur Launé en ce qui touche le permis d'établir sus-visé;

Vu la requête présentée le 1er décembre 1862 par M. Marius-Augustin-Ferdinand Fille, dans le but de faire sanctionner par l'Administration la cession du 10 mars 1860;

Sur le rapport du Directeur de l'intérieur,

AVONS ARRÊTÉ ET ARRÊTONS:

Art. 1er. Le sieur Marius-Augustin Fille, demeurant à Saint-Denis, gérant de la maison de commerce connue sous la raison sociale Louis Paillet et Fille frères, en sa qualité sus-énoncée, est subrogé aux droits du sieur Adolphe Launé, dans le permis d'établir accordé à ce dernier le 27 septembre 1845, sur un terrain dépendant des pas géométriques de Saint-Pierre, situé en aval de la culée droite de l'ancien pont de la rivière d'Abord, et borné au Nord par la route Impériale, au Sud par le petit bassin, à l'Est par le magasin de Kvéguen et à l'Ouest par la partie des pas géométriques sur laquelle

MM. Ferdinand Lacaze et Cᵉ ont été autorisés à s'établir le 4 septembre 1847.

Cette subrogation est consentie à la condition que M. Fille acquittera d'avance, et en un seul terme chaque année, entre les mains du receveur des domaines de Saint-Pierre, la redevance de cent vingt-cinq francs imposée par l'arrêté du 20 septembre 1845, dont toutes les autres dispositions sont, du reste, maintenues.

2. Le Directeur de l'intérieur est chargé de l'exécution du présent arrêté qui sera enregistré partout où besoin sera et déposé au Contrôle colonial.

Saint-Denis, le 15 décembre 1862.

Baron DARRICAU.

Par le Gouverneur :

Le Directeur de l'Intérieur,

CH. DE LAGRANGE.

N° 1313. — *ARRÊTÉ qui autorise la commune de Saint-Denis à accepter une donation.*

Du 15 Décembre 1862.

NOUS GOUVERNEUR DE L'ILE DE LA RÉUNION,

Vu l'article 9 du sénatus-consulte du 3 mai 1854 qui règle la constitution des colonies;

Vu l'article 37 de l'ordonnance organique du 21 août 1825;

Vu l'article 64 de l'arrêté du 12 novembre 1848 sur l'organisation municipale;

Vu la délibération du Conseil municipal de Saint-Denis en date du 30 août dernier, portant acceptation de la donation faite à la commune par MM. Lory frères et madame veuve Arthur Lory d'un terrain situé au Chaudron, sur lequel se trouvent construites la chapelle de Sainte-Clotilde ainsi que la cure qui la dessert;

Sur le rapport du Directeur de l'intérieur,

Le Conseil privé entendu,

AVONS ARRÊTÉ ET ARRÊTONS:

Art. 1er. La commune de Saint-Denis est autorisée à accepter de MM. Lory frères et de madame veuve Arthur Lory, la donation du terrain sur lequel se trouvent construites la chapelle de Sainte-Clotilde et la cure qui la dessert.

Ce terrain, qui figure au plan ci-annexé, et dont la contenance est de quatre-vingt-trois ares quarante-cinq centiares, est borné comme suit: au Nord par la route de la rivière des Pluies, au Sud par les donateurs, à l'Est par le chemin du sieur Félix de Tourris et à l'Ouest par un chemin qui conduit au Bois-de-Nèfles.

2. Le Directeur de l'intérieur est chargé de l'exécution du présent arrêté qui sera inséré au *Bulletin officiel* de la Colonie et déposé au Contrôle colonial.

Saint-Denis, le 15 décembre 1862.

Baron DARRICAU.

Par le Gouverneur:

Le Directeur de l'Intérieur,

CH. DE LAGRANGE.

N° 1314. — *ARRÊTÉ portant fixation des droits à percevoir sur les liqueurs fortes et les imitations de cognac.*

Du 15 Décembre 1862.

NOUS GOUVERNEUR DE L'ILE DE LA RÉUNION,

Vu le § 3 de l'article 9 du sénatus-consulte du 3 mai 1854 qui règle la constitution des colonies;

Vu les arrêtés des 29 juillet 1857, 3 avril 1860 et 27 décembre 1861 concernant la fabrication des liqueurs fortes et imitations de cognac ;

Considérant que la différence de taxe établie en faveur des liqueurs et imitations sus-dites n'a plus aucune raison d'être et que le moment est venu d'assujettir ce produit aux mêmes droits que les rhums purs ;

Vu le vote émis par le Conseil général dans sa séance du 24 novembre 1862;

Conformément aux propositions du Chef du service des contributions,

Sur le rapport du Directeur de l'intérieur,

Le Conseil privé entendu,

AVONS ARRÊTÉ ET ARRÊTONS:

Art. 1er. A partir du 1er janvier 1863,

Les liqueurs désignées dans les arrêtés des 29 juillet 1857, 3 avril 1860 et 27 décembre 1861 sous la dénomination de liqueurs fortes et imitations d'eau-de-vie dite de Cognac seront frappées des droits ci-après, savoir :

Taxe locale	0 f. 825
Taxe municipale	0 25
Total	1 f. 075

Ces droits seront recouvrés et répartis entre le service local et le service communal de la même manière que les taxes sur les rhums.

2. Les dispositions des arrêtés sus-visés qui n'ont rien de contraire au présent sont et demeurent maintenues.

Saint-Denis, le 15 décembre 1862.

Baron DARRICAU.

Par le Gouverneur :

Le Directeur de l'Intérieur,

CH. DE LAGRANGE.

Vu pour l'enregistrement à la Cour :

Le Procureur Général,

JUSTIN BERET.

Enregistré à la Cour impériale le 26 décembre 1862.

N° 1315. — ***ARRÊTÉ** portant nomination des membres de la commission d'examen pour le baccalauréat ès-lettres et ès-sciences.*

Du 15 Décembre 1862.

NOUS GOUVERNEUR DE L'ILE DE LA RÉUNION,

Vu l'article 2 du décret impérial du 23 décembre 1857 ;

Vu la lettre de l'Inspecteur de l'instruction publique en date du 11 décembre courant;

Sur le rapport du Directeur de l'intérieur,

AVONS ARRÊTÉ ET ARRÊTONS :

Art. 1er. Sont nommés membres de la Commission chargée d'examiner les aspirants au baccalauréat ès-lettres ou ès-sciences :

MM. Chrétien, président du tribunal de 1re instance, président ;
Lambert, vicaire général ;
Bonnin, ingénieur en chef ;
Lefèvre, substitut du Procureur général;
Dostor, professeur de mathématiques, docteur ès-sciences.

2. Le Directeur de l'intérieur est chargé de l'exécution du présent arrêté qui sera inséré au *Bulletin officiel.*

Saint-Denis, le 15 décembre 1862.

Baron DARRICAU.

Par le Gouverneur :

Le Directeur de l'Intérieur.

CH. DE LAGRANGE.

N° 1316. — *ARRÊTÉ qui autorise la commune de Saint-Louis à mettre en recouvrement pour 1863 une taxe municipale et des centimes additionnels au principal de ses contributions.*

Du 15 Décembre 1862.

NOUS GOUVERNEUR DE L'ILE DE LA RÉUNION,

Vu l'article 9 du sénatus-consulte du 3 mai 1854 réglant la constitution des colonies;

Vu l'article 136 du décret financier du 26 septembre 1855;

Vu le budget de la commune de Saint-Louis pour 1863;

Vu la délibération du Conseil municipal de cette commune dans sa séance extraordinaire du 12 mai dernier;

Considérant, d'après les règles de la comptabilité municipale en vigueur dans la Métropole, que les communes ont le droit d'ajouter des centimes additionnels au principal des contributions directes pour assurer le paiement de leurs dépenses ordinaires;

Sur la proposition du Directeur de l'intérieur,

Le Conseil privé entendu,

AVONS ARRÊTÉ ET ARRÊTONS :

Art. 1er. La commune de Saint-Louis est autorisée à mettre en recouvrement, pour l'année 1863:

1° Une cotisation municipale sur la valeur estimative des maisons et emplacements, à raison de quinze centimes pour cent francs.

2° Des centimes additionnels sur les licences de débit de rhum, à raison de cinquante-quatre centimes pour un franc.

2. Le Directeur de l'intérieur est chargé de l'exécution du présent arrêté, qui sera publié, enregistré partout où besoin sera, inséré au *Bulletin*

officiel de la Colonie et déposé au Contrôle colonial Saint-Denis, le 15 décembre 1862.

Baron DARRICAU.

Par le Gouverneur :

Le Directeur de l'Intérieur,

CH. DE LAGRANGE.

N° 1317. — ***ARRÊTÉ** qui autorise la commune de Saint-Louis à contracter un emprunt.*

Du 15 Décembre 1862.

NOUS GOUVERNEUR DE L'ÎLE DE LA RÉUNION,

Vu l'article 9 du sénatus-consulte du 3 mai 1854 qui règle la constitution des colonies;

Vu l'article 64 de l'arrêté du 12 novembre 1848, concernant l'organisation municipale;

Vu l'article 126 du décret financier du 26 septembre 1855;

Vu les procès-verbaux des délibérations du Conseil municipal de Saint-Louis, en date des 13 mai 1861 et 12 mai 1862, ayant pour objet d'être autorisé à contracter un emprunt de cent mille francs remboursables en dix annuités, pour être affectés à la construction de la charpente de l'église de cette ville;

Vu le budget de la commune de Saint-Louis pour 1863;

Sur le rapport du Directeur de l'intérieur,

Le Conseil privé entendu,

AVONS ARRÊTÉ ET ARRÊTONS :

Art. 1er. La commune de Saint-Louis est autorisée à contracter un emprunt de cent mille francs, pour être spécialement affectés à la construction de la charpente de l'église de la ville, sous les conditions suivantes : cette somme sera remboursée en dix annuités de dix mille francs chacune, avec intérêts aux taux de 9 0/0 par an.

2. Le remboursement de l'emprunt, en capital et intérêts, figurera chaque année au chapitre des dépenses obligatoires du budget de la commune.

3. Le Directeur de l'intérieur est chargé de l'exécution du présent arrêté qui sera inséré au *Bulletin officiel* de la Colonie et déposé au Contrôle colonial.

Saint-Denis, le 15 décembre 1862.

Baron DARRICAU.

Par le Gouverneur :

Le Directeur de l'Intérieur,

CH. DE LAGRANGE.

N° 1318. — *ORDRE portant fixation du supplément à allouer à des canotiers du port employés comme ouvriers à bord des bâtiments de la station.*

Du 17 Décembre 1862.

NOUS GOUVERNEUR DE L'ÎLE DE LA RÉUNION,

Vu la nécessité d'employer temporairement à bord des bâtiments de la station, comme ouvriers voiliers, et à défaut d'ouvriers civils, des canotiers du port;

Sur le rapport de l'Ordonnateur,

ORDONNONS ce qui suit :

L'arrêté du 2 septembre 1840 qui alloue une solde spéciale aux ouvriers marins appartenant aux équipages des bâtiments de l'État, lorsqu'ils sont employés à terre, est rendu applicable aux canotiers du port appelés à être employés comme ouvriers de diverses professions à bord des bâtiments de l'État, en ce qui concerne l'allocation supplémentaire d'un franc par jour de travail fixé pour les matelots.

Cette allocation sera acquittée au compte du service *marine* sur états de décompte arrêtés et certifiés par les autorités des bâtiments.

Les canotiers ainsi employés recevront, outre le supplément dont il s'agit, la ration de vivres du bord.

L'Ordonnateur est chargé de l'exécution du présent ordre qui sera enregistré partout où besoin sera et inséré au *Bulletin officiel* de la Colonie.

A Saint-Denis, le 17 décembre 1862.

Baron DARRICAU.

Par le Gouverneur :

L'Ordonnateur,

DESMAZES.

N° 1319.— ***ARRÊTÉ** qui règle l'allocation de frais de bureau, en nature, du magasinier du magasin général du matériel à Saint-Denis.*

Du 19 Décembre 1862.

NOUS GOUVERNEUR DE L'ILE DE LA RÉUNION,

Vu l'arrêté du 26 décembre 1855 qui a fixé le supplément alloué au garde-magasin général pour lui tenir lieu d'indemnité de responsabilité et de frais de bureau ;

Vu l'arrêté du 1er avril 1860 qui a déterminé la solde du personnel des agents affectés au service du magasin général ;

Attendu que l'indemnité fixée pour les frais de bureau du garde-magasin général a été allouée pour pourvoir aux besoins des bureaux de ce comptable, sans comprendre le service des magasinier et distributeur ;

Sur la proposition de l'Ordonnateur,

Avons arrêté et arrêtons ce qui suit :

Art. 1er. Il sera délivré, à compter du 1er janvier 1863, au magasinier du magasin général du matériel à Saint-Denis, des fournitures de bureau en nature, suivant le tarif ci-après ;

Savoir :

1 Un encrier,
1 Un sablier,
1 Un coupe-papier,
1 Un jeu de règles,
1 Un poinçon,
1 Une boîte à pains à cacheter.

Par trimestre.

4/20 Quatre-vingtièmes papier à état,
5/20 Cinq vingtièmes papier commun,
3/20 Trois vingtièmes papier à enveloppes,
1 Un litre d'encre,
3 Trois crayons,
0k050 Cinquante grammes gomme élastique,
25 Vingt-cinq plumes d'oie,
1 Une boîte plumes métalliques,
500 Cinq cents épingles,
0k050 Cinquante grammes pains à cacheter.

Par an.

3 Trois porte-plume ordinaires en bois,
1 Une fiole sandaraque,
2 Deux canifs,
2 Deux grattoirs.

(Les registres sont fournis en dehors des fournitures de bureau, suivant les besoins constatés par des demandes.)

2. La dépense sera imputée au compte du service Marine. — Chapitre 11 — Approvisionnements généraux.)

3. L'Ordonnateur est chargé de l'exécution du présent arrêté qui sera enregistré partout où be-

soin sera et inséré au *Bulletin officiel* de la Colonie.

Saint-Denis, le 19 décembre 1862.

Baron DARRICAU.

Par le Gouverneur :

L'Ordonnateur,

DESMAZES.

N° 1320.—*ARRÊTÉ portant à 600 francs la solde des garçons de bureau du Commissariat de la marine et du Contrôle colonial.*

Du 19 Décembre 1862.

NOUS GOUVERNEUR DE L'ILE DE LA RÉUNION,

Vu l'allocation portée au budget du service colonial pour la solde des garçons de bureau du Commissariat de la marine et du Contrôle colonial fixée à 600 francs par an ;

Sur le rapport de l'Ordonnateur d'accord avec M. le Contrôleur colonial,

AVONS ARRÊTÉ ET ARRÊTONS ce qui suit :

Art. 1er. A dater du 1er janvier 1863, la solde des garçons de bureau du Commissariat de la marine et du Contrôle colonial sera payée à raison de 600 francs par an.

2. Le nombre de ces agents reste fixé, pour le service du Commissariat, à dix, savoir :

Commissariat de la Marine	Secrétariat de l'Ordonnateur	2	8
	Détails des Revues et Armements	1	
	Détail des Travaux, Approvisionnements et Subsistances	1	
	Détail de l'Inscription maritime	1	
	Détail des Fonds	1	
	Service maritime à St-Paul	1	
	Idem à St-Pierre	1	
Contrôle			2
			10

3. Les garçons de bureau seront inscrits sur les contrôles des Revues, sur présentation de la commission délivrée à chacun d'eux par l'Ordonnateur ou le Contrôleur colonial, suivant leur emploi.

4. Sont et demeurent abrogées les dispositions de notre arrêté du 26 septembre 1860, en ce qu'elles ont de contraire à celles du présent arrêté.

5. L'Ordonnateur est chargé de l'exécution du présent arrêté qui sera enregistré partout où besoin sera et inséré au *Bulletin officiel* de la Colonie.

Saint-Denis, le 19 décembre 1862.

Baron DARRICAU.

Par le Gouverneur :

L'Ordonnateur,

DESMAZES.

N° 1321. — *ARRÊTÉ qui ouvre à l'Ordonnateur sur l'exercice 1862, un crédit provisoire de 30,000 francs au titre du Chapitre 1er (Personnel civil et militaire) du budget du service colonial.*

Du 22 Décembre 1862.

NOUS GOUVERNEUR DE L'ILE DE LA RÉUNION,

Vu la dépêche de Son Excellence le Ministre de la marine et des colonies, en date du 12 juillet 1862, n° 318, annonçant l'envoi des ordonnances de délégation d'un crédit ouvert à l'Ordonnateur pour l'acquittement de dépenses relatives aux écoles malgaches entretenues à la Réunion par la mission catholique de Madagascar ;

Considérant qu'il y a urgence à mettre, dès à présent, à la disposition de l'Ordonnateur le crédit dont il s'agit ;

Vu l'article 5 du décret du 26 septembre 1855 sur le service financier des colonies ;

Vu l'article 9 du sénatus-consulte du 3 mai 1854 réglant la constitution des colonies ;

Sur le rapport de l'Ordonnateur,

Le Conseil privé entendu,

AVONS ARRÊTÉ ET ARRÊTONS ce qui suit:

Art. 1er. Il est ouvert à l'Ordonnateur, sur le budget de la marine et des colonies, service *colonial,* exercice 1862, — Chapitre 1er, Personnel civil et militaire, Article 1er, Services civils, un crédit de (trente mille francs) 30,000 francs.

2. Ce crédit est provisoire ; le montant en sera cumulé avec celui des crédits de délégation précédemment accordés. Il sera annulé à l'arrivée de l'ordonnance régulière du département.

3. L'Ordonnateur est chargé de l'exécution du présent arrêté qui sera enregistré partout où besoin sera et inséré au *Bulletin officiel* de la Colonie.

Saint-Denis, le 22 décembre 1862.

Baron DARRICAU.

Par le Gouverneur:

L'Ordonnateur.

DESMAZES.

N° 1322. — *ARRÊTÉ qui autorise l'Administration des domaines à faire l'acquisition d'un immeuble.*

Du 22 Décembre 1862.

NOUS GOUVERNEUR DE L'ILE DE LA RÉUNION,

Vu l'article 9 du sénatus-consulte du 3 mai 1854 qui règle la constitution des colonies;

Vu le vote émis par le Conseil général dans sa séance du 1er décembre 1862;

Vu le budget des dépenses du service local pour l'exercice 1863 ;

Vu les conventions provisoires conclues, le 16 octobre 1862, entre M. le Directeur de l'intérieur et M. Brulon (Jean-Baptiste), agissant tant en son nom qu'au nom de la dame veuve Brulon;

Sur le rapport du Directeur de l'intérieur,

Le Conseil privé entendu,

AVONS ARRÊTÉ ET ARRÊTONS:

Art. 1er. L'Administration des domaines est autorisée à acq érir:

De M. J. B. Brulon, avocat à Saint-Denis,

Et de madame Marie-Joséphine Gubert de La-noë Sèche, veuve de François-Marie Brulon, domiciliée à Rennes, un emplacement situé à Saint-Denis, borné par les trois rues Colbert, Malartic et Ruisseau des Noirs, avec les maisons et dépendances qui le composent, le dit emplacement appartenant, pour la partie inférieure ouvrant sur la rue du Ruisseau des Noirs, à dame veuve Brulon, et pour la partie supérieure à partir du second puits, à M. J. B. Brulon.

2. Cette acquisition sera faite aux clauses et conditions suivantes, savoir:

1° Le vendeur aura la faculté d'enlever, dans le délai d'un mois à partir de la date du contrat, une case de jardinier, une rotonde, un pigeonnier, des communs, des ruches, les arbres du verger pouvant être transplantés, une vanillerie, dont l'Administration n'a pas besoin.

2° Le vendeur pourra effectuer la récolte actuelle de vanille, si toutefois l'Administration n'y trouve pas d'inconvénient par suite de l'affectation à donner à la portion inférieure de l'immeuble.

3° L'entrée en jouissance et la prise de possession auront lieu à partir du jour de l'acte.

4° A compter de la même époque l'Administration sera substituée dans le prix de location des boutiques, chambres et cabanons.

3. Cette acquisition sera faite, en outre, moyennant un prix de quatre-vingt dix mille francs, imputable par moitié aux portions appartenant à M. et à madame veuve Brulon.

La portion de quarante-cinq mille francs revenant à M. Brulon sera payable en un seul terme, avec intérêt à neuf pour cent, aussitôt après l'accomplissement des formalités de purge d'hypothèques légales, suivant les règlements de la comptabilité publique.

L'Administration aura un délai de quatre mois pour l'accomplissement des formalités de purge.

La deuxième portion de quarante-cinq mille francs du prix, revenant à madame veuve Brulon, sera payable dans les mêmes formes et conditions, avec intérêts à neuf pour cent, le le quinze janvier 1864.

4. Le Directeur de l'intérieur est chargé de l'exécution du présent arrêté qui sera enregistré où besoin sera et inséré au *Bulletin officiel* de la Colonie.

Saint-Denis, le 22 décembre 1862.

Baron DARRICAU.

Par le Gouverneur :

Le Directeur de l'Intérieur,

CH. DE LAGRANGE.

N° 1323. — *ARRÊTÉ portant dispositions relatives à l'organisation du service de l'Inscription maritime à la Réunion.*

Du 22 Décembre 1862.

NOUS GOUVERNEUR DE L'ILE DE LA RÉUNION,

Vu la circulaire ministérielle du 12 octobre

1861, n° 397, portant envoi de l'arrêté ministériel du même jour qui a divisé la Colonie en quartiers et syndicats maritimes ;

Vu les ordres plus récents du Département concernant l'organisation du service de l'Inscription maritime à la Réunion ;

Vu les arrêtés des 11 août 1856 et 5 mars 1857, par lesquels il a été pourvu à la promulgation des lois, ordonnances et règlements qui régissent le dit service, et notamment à celle du décret impérial du 16 août 1856 portant organisation de l'Inscription maritime à la Martinique, à la Guadeloupe et à la Réunion ;

Attendu que les circonstances locales exceptionnelles qui se sont opposées jusqu'ici à la complète mise en vigueur de ces diverses dispositions ne doivent pas arrêter plus longtemps l'Administration en ce qui concerne quelques parties dont l'application ne présente pas de difficultés sérieuses, et qui ne peuvent rester d'ailleurs sans exécution qu'en nuisant à l'action générale de la police de la navigation ;

Vu les articles 16, 86 (§ 17, 21, 22) de l'ordonnance royale du 21 août 1825 et l'article 9 du sénatus-consulte du 3 mai 1854 qui a réglé la constitution des colonies ;

Sur le rapport de l'Ordonnateur,

Après délibération en Conseil privé,

Avons arrêté et arrêtons ce qui suit :

Art. 1er. L'arrêté ministériel du 12 octobre 1861 portant assiette du territoire maritime dans les colonies de la Martinique, de la Guadeloupe, de la Guyane française, de Saint-Pierre et Miquelon et de la Réunion, conformément à l'article 1er du décret impérial du 16 août 1856, est publié dans cette colonie pour y avoir ses effets à dater du 1er janvier 1863.

2. Les officiers du Commissariat de la marine

chargés du service maritime à Saint-Paul et à Saint-Pierre sont, en conséquence, institués *commissaires de l'inscription maritime*, pour exercer, à dater de la même époque, toutes les attributions dévolues à ces fonctions, cumulativement avec celles de leur qualité actuelle.

3. Seront observées les dispositions des lois, décrets, règlements et instructions concernant l'inscription maritime et la police de la navigation promulgués à la Réunion par les arrêtés des 11 août 1856 et 5 mars 1857.

Toutefois, jusqu'à de nouvelles prescriptions, les marins de tout grade et de toute profession de la Colonie naviguant sur les bâtiments de l'Etat et les navires du commerce armés au long cours, au grand ou au petit cabotage et au bornage, seront seuls inscrits sur les matricules de l'Inscription maritime.

Les ouvriers qui exercent dans les chantiers à terre les professions maritimes de charpentier, perceur, calfat et voilier; les marins qui font la pêche en mer et ceux qui sont employés sur les alléges, bateaux, chaloupes et autres embarcations non munies de rôles d'équipages, restent transitoirement soumis aux dispositions qui les régissent actuellement; ils ne seront inscrits que s'ils le demandent.

4. Les embarcations de toute sorte employées à la pêche en mer, au chargement et au déchargement des navires dans les ports et rades, au transport des passagers et des marchandises, et non astreintes au rôle d'équipage, seront déclarées au bureau de l'Inscription maritime dans chaque ressort, et pourvues d'un bulletin ou permis de navigation, dans un délai d'un mois courant du 1er janvier 1863, conformément à l'article 4 de l'arrêté du 11 août 1856 et sous les peines qui y sont portées contre les propriétaires et les maîtres ou patrons solidairement.

5. Le permis de navigation exigé par l'article précédent sera valable pendant une année.

Il sera présenté au commissaire de l'Inscription du port d'attache de l'embarcation tous les trois mois pour être visé, et à chaque mutation de propriétaire et de maître ou patron à y mentionner, sous peine, pour chaque infraction, d'une amende de cinq à vingt francs au profit de l'établissement des Invalides de la marine et à prononcer solidairement contre le propriétaire et le maître ou patron.

6. Le 1er avril 1863, il sera dressé, par les bureaux de l'Inscription maritime, dans les formes et suivant les instructions à formuler par l'Ordonnateur, un recensement de la population maritime et des navires, bateaux et embarcations de toute sorte de la Colonie.

7. L'Ordonnateur et le Procureur général sont chargés, chacun en ce qui le concerne, de l'exécution du présent arrêté, qui sera enregistré partout où besoin sera et inséré avec ses annexes au *Bulletin officiel* de la Colonie.

A Saint-Denis, le 22 décembre 1862.

Baron DARRICAU.

Par le Gouverneur :

L'Ordonnateur,

DESMAZES.

Vu pour l'enregistrement à la Cour :

Le Procureur Général,

JUSTIN BERET.

Lu et enregistré à l'audience publique et civile de la Cour impériale de l'île de la Réunion le samedi 27 décembre 1862.

Le Commis-greffier P. I.,

E. JOUAN.

Arrêté ministériel

Qui détermine la circonscription des territoires maritimes dans les colonies.

Du 12 Octobre 1861.

LE MINISTRE SECRÉTAIRE D'ETAT DE LA MARINE ET DES COLONIES,

Vu les décrets du 16 août 1856 portant organisation de l'Inscription maritime aux colonies françaises ;

Vu les propositions faites par les Gouverneurs et Commandants des colonies,

ARRÊTE :

Art. 1er. Le territoire maritime, dans chacune des colonies de la Martinique, de la Guadeloupe, de la Réunion, de la Guyane française et de Saint-Pierre et Miquelon, est divisé comme suit :

Quartiers	Sous quartiers	Syndicats	Communes
....	....	....	....
	RÉUNION		
Saint-Denis	....	Saint-Denis	Saint-Denis Sainte-Marie Ste-Suzanne
		Saint-Benoit	Saint-André Saint-Benoit Sainte-Rose
Saint-Pierre	....	Saint-Pierre	St-Philippe Saint-Joseph Saint-Pierre
Saint-Paul	....	Saint-Paul	Saint-Louis Saint-Leu Saint-Paul

Art. 2. Le Gouverneur (ou le Commandant) de chacune des colonies précitées est chargé de l'exécution du présent arrêté.

Fait à Paris, le 12 octobre 1861.

Le Ministre Secrétaire d'Etat de la marine et des colonies,

Comte P. DE CHASSELOUP-LAUBAT.

N° 1524. — *ARRÊTÉ relatif aux recensements annuels de la population.*

Du 26 Décembre 1862

NOUS GOUVERNEUR DE L'ILE DE LA RÉUNION,

Vu l'article 9, § 2, du sénatus-consulte du 3 mai 1854 qui règle la constitution des colonies ;

Vu l'arrêté du 9 décembre 1848 concernant les recensements :

Considérant qu'en raison de l'accroissement de la population, résultant de l'introduction des travailleurs immigrants dans la Colonie, il importe, tant pour les besoins de l'Administration générale du Pays qu'au point de vue de l'assiette de la contribution personnelle, que les recensements annuels soient fournis avec une grande exactitude;

Considérant que l'amende de 5 à 15 francs, édictée par l'article 1er de l'arrêté du 9 décembre 1848, est insuffisante pour atteindre le but qu'on s'est proposé ;

Considérant que la vérification des recensements est une mesure indispensable et de la plus grande importance, mais que la durée de ce travail excède la limite du temps que les conseils municipaux peuvent lui consacrer, et que, dans tous les cas, il convient de faciliter, à cet égard, la tâche de ces corps délibérants ;

Considérant qu'en raison des attributions qui leur sont conférées par les arrêtés des 30 octobre et 6 décembre 1861 et 30 août 1860, les contrôleurs des contributions directes et les syndics de l'immigration sont les auxiliaires naturels des conseils municipaux pour la vérification des recensements ;

Après avoir pris l'avis du Chef du service des Contributions diverses,

Sur le rapport du Directeur de l'intérieur,

Le Conseil privé entendu,

AVONS ARRÊTÉ ET ARRÊTONS :

Art. 1er. Les recensements annuels de la population seront remis à la Mairie de chaque commune du 1er au 31 janvier de chaque année, sous peine d'une amende de 20 à 40 francs qui sera prononcée par le tribunal de simple police.

2. Les feuilles de recensement seront imprimées d'après le modèle ci-annexé.

3. Les militaires et les marins en activité de service sont seuls dispensés de fournir leur recensement.

Toutefois, ils seront tenus de recenser leurs propriétés et les individus qu'ils pourraient employer à titre de propriétaire.

4. Les personnes qui seraient dans l'impossibilité d'établir elles-mêmes leur recensement pourront le déclarer au secrétaire de la mairie qui rédigera les feuilles et les signera pour les déclarants.

5. Il sera rédigé deux feuilles de recensement dont l'une, signée du déclarant ou de son fondé de pouvoirs, devra être remise au secrétaire de la mairie qui en délivrera le récépissé, et l'autre, qui sera certifiée conforme par le secrétaire de la mairie, restera entre les mains du déclarant.

6. Tout individu qui aura à son service des ouvriers laboureurs et domestiques engagés, à quelque titre que ce soit, sera tenu de les recenser, sous peine de payer, pour chaque individu omis au recensement, l'amende prévue par l'article 1er, sans toutefois que cette amende puisse excéder la somme de 100 francs.

Les ouvriers, laboureurs, etc., seront inscrits nominativement sur la même feuille de recensement, avec indication d'âge, de sexe, de nationalité et de profession.

De la vérification des recensements.

7. La vérification des feuilles de recensement,

entreprise à la date fixe du 1er février, sera faite par une Commission composée du maire ou d'un agent désigné par lui, du contrôleur des contributions directes et du syndic communal.

8. Le travail de cette commission, qui établira d'office les recensements non produits, complétera et rectifiera les recensements incomplets ou inexacts, sera vérifié et arrêté par les conseils municipaux dans leur session ordinaire de février ou dans une session extraordinaire qui devra avoir lieu dans le même mois. Dans le cas d'abstention de la part du Conseil municipal, le travail de la Commission sera considéré comme suffisant et régulier.

9. Le procès-verbal contenant les noms de ceux qui n'auront pas fourni de recensement et les omissions ou inexactitudes qui auront été relevées sur les recensements produits, sera adressé, le 1er mars au plus tard, par le maire, au commissaire de police qui poursuivra les contrevenants devant le tribunal de simple police.

10. Une statistique établie par les soins de l'Administration municipale constatera annuellement: 1° le nombre des recensements; 2° le total de la population, en désignant les sexes.

11. Sont et demeurent abrogées toutes dispositions antérieures qui sont contraires au présent arrêté.

12. Le Directeur de l'intérieur et le Procureur général sont chargés, chacun en ce qui le concerne, de l'exécution du présent arrêté, qui sera publié, enregistré, inséré au *Bulletin officiel* de la Colonie et mis en vigueur à partir du 1er janvier 1863.

Saint-Denis, le 26 décembre 1862.

Baron DARRICAU.

Par le Gouverneur :

Le Directeur de l'Intérieur,

CH. DE LAGRANGE.

Enregistré à la Cour impériale le 27 décembre 1862.

N° 1325. — *ARRÊTÉ portant règlement sur les passages à accorder à bord des bâtiments de l'Etat aux colons de Mayotte et dépendances.*

Du 28 Mai 1862.

NOUS COMMANDANT SUPÉRIEUR DE MAYOTTE ET DÉPENDANCES,

Vu les dépêches ministérielles en date des 19 et 5 décembre 1861, nos 54 et 96, autorisant l'embarquement à bord des bâtiments de la station locale, des passagers civils allant à Mayotte, ou en revenant dans un but de colonisation, les dites dépêches prescrivant, en outre, l'établissement d'un tarif déterminant le prix à payer par catégorie de passagers d'après la moyenne des traversées ;

Vu les arrêtés ministériels, en date du 30 avril 1848, portant fixation des allocations de traitement de table et des frais de passage à bord des bâtiments de l'État ;

Vu les états fournis par MM. les capitaines du *Labourdonnaye* et de la *Turquoise* indiquant la moyenne des traversées entre les différentes escales;

Sur la proposition de l'Ordonnateur,

AVONS ARRÊTÉ ET ARRÊTONS :

Art. 1er. Les sommes à verser au trésor par les passagers civils qui obtiendront leur embarquement sur un des bâtiment de la station locale, pour se rendre à Mayotte ou pour en revenir dans un but de colonisation, seront réglées d'après les moyennes suivantes des traversées d'aller et de retour, savoir :

De la Réunion à Mayotte........	12	jours
Id. à Nossi-Bé........	10	—
Des Seychelles à Mayotte........	15	—
Id. à Nossi-Bé........	12	—
De Mayotte à la Réunion........	25	—
Id. aux Seychelles.......	13	—
Id. à Nossi-Bé........	4	—

De Nossi-Bé aux Seychelles...... 14 jours
Id. à la Réunion........ 23 —
Id. à Mayotte.......... 6 —

2. Le prix de chaque passage est fixé conformément aux règlements ministériels sus-visés du 30 avril 1848:

1° Pour les passagers admis à la table des commandants........................ 16f 00

2° Pour les passagers admis à la table de l'état-major................. 3 375

3° Pour les passagers admis à celle des élèves......................... 1 50

4° Pour les passagers admis à celle des maîtres..................... 0 75

Le prix du passage à la table de l'état-major et à celle des élèves sera augmenté de moitié en sus pour les voyages de Mayotte à Nossi-Bé et de Nossi-Bé à Mayotte, par application du 2e § de l'article 3 de l'arrêté ministériel du 30 avril 1848, portant fixation des frais et passages à bord des bâtiments de l'État.

3. Indépendamment des fixations ci-dessus, chaque passager aura, en outre, à rembourser le prix de la ration par la moyenne de la traversée au taux fixé annuellement par le Département de la marine, augmenté de 25 %.

4. Les passagers ne pourront être reçus à bord qu'autant qu'ils seront compris sur la liste transmise au capitaine du navire par le bureau des Armements et visée par l'Ordonnateur. Ils ne seront portés sur cette liste que sur l'autorisation du Gouverneur et après le versement au trésor du montant de leurs frais de passage et du prix de la ration.

5. Les frais de passage et le prix de la ration seront directement acquittés par les soins de l'Administration au compte du trésor local.

Les capitaines de navires et les chefs de gamelle

n'auront, sous ce rapport, aucune relation avec les passagers.

6. L'administration sera étrangère au règlement des frais de passage des individus qui seront reçus à bord en dehors des règles fixées par l'article 4 ci-dessus.

7. Le présent arrêté aura son effet à compter d'aujourd'hui. Il ne sera définitif qu'après l'approbation de Son Excellence le Ministre de la marine et des colonies.

L'Ordonnateur est chargé de son exécution. Il sera déposé au Contrôle colonial.

Le 28 mai 1862.

Le Commandant supérieur,

GABRIÉ.

Par le Commandant supérieur :

L'Ordonnateur,

DAIN.

Vu pour être observé par l'administration de la Réunion, en ce qui concerne les colons qui se rendent de cette colonie à Mayotte et dépendances.

Saint-Denis, le 30 décembre 1862.

Baron DARRICAU.

Par le Gouverneur :

L'Ordonnateur,

DESMAZES.

N° 1326. — *ARRÊTÉ portant fixation du prix des charrois et transports exécutés par la Direction d'artillerie à Saint-Denis.*

Du 31 Décembre 1862.

NOUS GOUVERNEUR DE L'ILE DE LA RÉUNION,

Vu l'arrêté du 9 juillet 1851 concernant l'emploi des voitures et mulets de la Direction d'artillerie aux transports militaires et autres services de la Colonie, et l'arrêté du 27 décembre 1859 autorisant la continuation provisoire de l'application de l'arrêté du 9 juillet 1851 et allouant une indemnité de voyage de 0 f. 05 par kilomètre aux militaires affectés au service des transports ;

Vu la décision du 10 septembre 1862 qui a accordé la même indemnité aux charretiers pour les charrois de terre de la redoute à la batterie de l'Arsenal, et au transport des vivres destinés à la compagnie indigène d'ouvriers du génie au Butor ;

Vu la dépêche du 15 février 1850, n° 50, rappelée par celle du 25 mars 1859, n° 45, et prescrivant d'établir, chaque année, sur la moyenne des cinq années précédentes, le prix des transports à rembourser à la Direction d'artillerie ;

Vu l'état dressé conformément à ces prescriptions ;

Sur le rapport de l'Ordonnateur,

Le Conseil privé entendu,

AVONS ARRÊTÉ ET ARRÊTONS :

Art. 1er. Les transports et charrois à exécuter en 1863 par la Direction d'artillerie seront calculés, pour le remboursement à en faire par les divers services, à raison de 4 francs par *collier* et par *jour* pour tout transport fait soit par voiture ou charrette, soit à dos de cheval ou de mulet.

Cette évaluation sera augmentée des frais de route alloués aux muletiers par l'arrêté du 27 décembre 1859 et la décision du 10 septembre 1862 sus-visés, pour les transports dans les quartiers, ainsi que pour ceux effectués dans la ville de Saint-Denis pour les charrois de terre de la redoute à la batterie de l'Arsenal et ceux des vivres de la compagnie indigène d'ouvriers du génie casernée au Butor.

2. La journée est de dix heures. Les fractions de journées ne seront jamais comptées à moins de 5 dixièmes.

3. Les demandes de transport visées par le Contrôleur et l'Ordonnateur et enregistrées au bureau des travaux seront adressées directement à la Direction d'artillerie.

Les billets de demande devront indiquer clairement la nature du transport, la destination, les lieux, le jour et l'heure du départ, ainsi que le service et le chapitre du budget qui doit supporter la dépense.

4. Quelle que soit la composition d'un attelage, la Direction d'artillerie ne fournira qu'un charretier et les chargements et déchargements seront toujours au compte du service qui aura fait la demande.

5. Sont rapportés les arrêtés des 2 octobre 1850 et 9 juillet 1851 et toutes autres dispositions antérieures en ce qu'elles auraient de contraire à celles ci-dessus.

6. L'Ordonnateur est chargé de l'exécution du présent arrêté qui sera enregistré partout où besoin sera et inséré au *Bulletin officiel* de la Colonie.

Saint-Denis, le 31 décembre 1862.

Baron DARRICAU.

Par le Gouverneur :

L'Ordonnateur,

DESMAZES.

N° 1327. — *ARRÊTÉ portant fixation du prix de la ration de vivres des services militaires et de la journée de traitement dans les hôpitaux militaires à la Réunion en 1863.*

Du 31 Décembre 1862.

NOUS GOUVERNEUR DE L'ILE DE LA RÉUNION,

Vu les instructions ministérielles du 15 février 1850, n° 50;

Vu les divers arrêtés, le dernier du 28 décembre 1861, qui ont réglé chaque année le prix de la ration de vivres militaires et celui de la journée de traitement dans les hôpitaux militaires de la Réunion;

Vu les comptes des dépenses des services vivres et hôpitaux pour les cinq dernières années écoulées;

Ayant à fixer, d'après ces bases, le prix de la ration de vivres et de la journée de traitement à appliquer aux remboursements à faire en 1863 par les divers services publics, par les marins du commerce et les autres personnes traitées à leurs frais;

Sur le rapport de l'Ordonnateur,

Après délibération en Conseil privé,

AVONS ARRÊTÉ ET ARRÊTONS ce qui suit:

Art. 1er. Le prix de la ration de vivres à appliquer, pendant l'année 1863, aux remboursements à faire au trésor à raison de vivres indûment alloués ou cédés à divers services et à des particuliers, est fixé ainsi qu'il suit:

Ration ordinaire de troupe.....	1 f.	00
— de café et de sucre......	0	06
— d'acidulage............	0	05

2. Le prix de la journée de traitement dans les hôpitaux militaires à faire rembourser, pendant l'année 1863, par les divers services de la Colonie, par les marins du commerce et les per-

sonnes traitées à leurs frais, est fixé ainsi qu'il suit :

Hôpitaux de Saint-Denis et de Saint-Paul.	REMBOURSEMENT A FAIRE.	
	Par les services publics.	Par les marins du commerce et les particuliers.
Journée d'officier ou traité comme tel	9 00	7 50
Journée de sous-officier ou soldat ou traité comme tel................	7 00	5 50
Journée d'engagé ou de condamné noir ou traité comme tel.............	3 40	2 40
Hôpital thermal de Salazie.		
Journée d'officier ou traité comme tel	13 50	13 50
Journée de sous-officier ou soldat ou traité comme tel................	10 00	10 00

3. Ne sont pas compris dans les fixations ci-dessus des journées d'hôpital les frais d'inhumation, ceux de transport des malades d'un point à un autre, ceux de traitement dans les hôpitaux en entreprise, les bains d'eaux thermales et toutes autres dépenses spéciales et susceptibles d'une imputation immédiate au compte des services débiteurs ou de remboursement intégral par les armements du commerce ou par les personnes admises à leurs frais.

4. Le traitement des aliénés à l'hôpital de Saint-Paul sera l'objet d'un règlement entre le service *colonial* et le service *local*, tant pour l'exercice 1862 que pour l'exercice 1863.

5. Les personnes étrangères aux services publics et à la marine du commerce ne seront traitées dans les hôpitaux militaires qu'à titre exceptionnel, à défaut de place dans les hospices et hô-

pitaux civils et après avis de l'Ordonnateur et autorisation du Gouverneur.

L'Administration pourra exiger d'elles le dépôt préalable de la valeur de trente journées au moins de traitement ou des garanties écrites pour la totalité du traitement et des frais accessoires.

6. Toutes dispositions antérieures contraires sont et demeurent abrogées.

7. L'Ordonnateur est chargé de l'exécution du présent arrêté, qui sera enregistré partout où besoin sera et inséré au *Bulletin officiel* de la Colonie.

Saint-Denis, le 31 décembre 1862.

Baron DARRICAU.

Par le Gouverneur :

L'Ordonnateur,

DESMAZES.

N° 1328. — *ORDRE concernant le paiement de la solde des agents du service des ports entretenus au compte de la Colonie.*

Du 31 Décembre 1862.

LE COMMISSAIRE DE LA MARINE ORDONNATEUR, ET LE DIRECREUR DE L'INTÉRIEUR,

Dans une vue de simplification des écritures de l'Administration et pour éviter surtout les retards que présente, dans ses conditions actuelles, le paiement des divers agents du service des ports dont la solde et les accessoires sont acquittés sur les fonds du service intérieur de la Colonie,

ORDONNENT ce qui suit :

A dater de l'exercice 1863, la solde et les accessoires de solde des pilotes, vigistes, gardiens de phares et autres agents du service des *ports* entretenus au compte de la Colonie, seront ordonnancés et acquittés sur états mensuels dressés par le commissaire aux Revues et sur les crédits des services coloniaux à la charge de l'État, Chapitre 21, Personnel — Article 1er, Services civils, § 2, Service des ports.

Ces dépenses seront remboursées par le service *local* au service *colonial*, et à l'expiration de chaque trimestre sur des états détaillés à raison des allocations inscrites au budget intérieur.

Le présent ordre sera enregistré partout où besoin sera et inséré au *Bulletin officiel* de la Colonie.

Saint-Denis, le 31 décembre 1862.

L'Ordonnateur, *Le Directeur de l'Intérieur*,

DESMAZES. CH. DE LAGRANGE.

N° 1329. — *ORDRE relatif à la délivrance du sulfate de quinine par les hôpitaux militaires aux corps de la garnison. — Mode de remboursement.*

Du 10 Décembre 1862.

LE COMMISSAIRE DE LA MARINE, ORDONNATEUR,

Vu les arrêtés des 2 janvier 1850 et 9 décembre 1852 qui ont réglé la délivrance du sulfate de quinine à titre de cession par les hôpitaux militaires aux infirmeries des corps de troupes;

Vu l'arrêté du 24 juin 1852 qui a déterminé la nomenclature des médicaments et du linge à pansement à céder également aux infirmeries par le service hospitalier;

Vu la circulaire ministérielle du 23 juin 1854, n° 270, qui a modifié les dispositions sus-visées;

ORDONNE ce qui suit:

A compter du 1er janvier 1863 le sulfate de quinine sera délivré aux infirmeries des corps de troupes dans les conditions réglées par la circulaire ministérielle du 23 juin 1854, n° 270.

Le remboursement de ce fébrifuge par la masse générale d'entretien des corps, aura ainsi lieu à raison du *tiers* des quantités délivrées, les deux autres tiers restant au compte du service hospitalier.

Les délivrances auront lieu dans la forme prescrite par l'article 1er de l'arrêté du 24 juin 1852 : les bons seront toutefois soumis au visa du chef du service de santé de la marine.

L'emploi du sulfate de quinine remis au chirurgien des corps sera l'objet de relevés détaillés trimestriels soumis à l'examen du Conseil de santé, et à produire lors de la vérification et de l'arrêté de la comptabilité des dits corps.

Le présent ordre sera enregistré partout où besoin sera et inséré au *Bulletin officiel* de la Colonie.

Saint-Denis, le 31 décembre 1862.

L'Ordonnateur,
DESMAZES.

N° 1330. — *ARRÊTÉ prescrivant la délivrance à l'infirmerie régimentaire de l'infanterie de marine du sulfate de quinine nécessaire aux militaires atteints d'accès erratique sans gravité.*

Du 2 Janvier 1850.

LE COMMISSAIRE GÉNÉRAL DE LA RÉPUBLIQUE,

Vu le rapport du chirurgien aide-major du 3e régiment d'infanterie de marine et l'opinion du médecin en chef sur l'état des militaires venant de Madagascar et atteints de fièvres intermittentes:

Attendu que ces militaires, après leur sortie des hôpitaux, sont encore exposés, de temps à autre, à des accès erratiques qui n'ont aucune gravité mais qui exigent l'emploi de sulfate de quinine ;

Qu'il n'y a aucun inconvénient à faire administrer, pour ces cas spéciaux, ce médicament à l'infirmerie régimentaire, mais que comme il n'entre pas dans la nomenclature de ceux qui doivent être fournis au compte de la masse générale d'entretien, il y a lieu d'en autoriser la délivrance par la pharmacie de l'hôpital militaire.

Sur le rapport de l'Ordonnateur,

ARRÊTE :

Art. 1er. Il sera délivré, sur des demandes du chirurgien-major du régiment d'infanterie, visées par le médecin en chef, par la pharmacie de l'hôpital militaire de Saint-Denis, le sulfate de quinine nécessaire aux militaires atteints de fièvres erratiques sans gravité, et qui pourront être traités à l'infirmerie régimentaire.

Les demandes indiqueront les noms des militaires auxquels ces médicaments devront être administrés.

2. La quinine délivrée ainsi qu'il est réglé cidessus sera portée en dépense et comprise dans la consommation de l'hôpital militaire.

3. L'Ordonnateur est chargé de l'exécution du présent arrêté qui sera enregistré au Contrôle.

Saint-Denis, le 2 janvier 1850.

SARDA-GARRIGA.

Par le Commissaire-général de la République :

L'Ordonnateur,

ACHILLE BÉDIER.

N° 1331. — **ARRÊTÉ** *portant fixation des médicaments et du linge à pansements nécessaires aux infirmeries régimentaires à fournir par l'hôpital militaire de Saint-Denis.*

Du 24 Juin 1852.

NOUS GOUVERNEUR DE L'ILE DE LA RÉUNION,

Vu les circulaires du Ministre de la guerre en date du 3 février 1843 et du 19 août de la même année;

Considérant que le mode actuellement suivi pour l'approvisionnement des infirmeries régimentaires des détachements d'infanterie et d'artillerie de la marine en station dans la Colonie, n'est point conforme aux prescriptions réglementaires, et qu'il ne peut, en conséquence, être maintenu;

Considérant qu'aux termes des dispositions susvisées, les corps de troupes doivent tirer des hôpitaux de la guerre ou de la marine les médicaments et le linge à pansements qui leur sont nécessaires, lorsqu'ils sont en garnison dans une place où il existe un de ces établissements;

Sur la proposition du Commissaire-Ordonnateur,

AVONS ARRÊTÉ ET ARRÊTONS:

Art. 1er. A compter du 1er juillet prochain, les médicaments et le linge à pansements nécessaires au service des infirmeries régimentaires des détachements d'artillerie et d'infanterie seront fournis par les soins de l'hôpital militaire de Saint-Denis, sur des bons établis par les chirurgiens-majors des corps, visés par le major ou le commandant du détachement, et revêtus du bon à délivrer du commissaire chargé de la surveillance administrative de l'hôpital.

A la fin de chaque trimestre, ces bons seront totalisés par le pharmacien en chef, dans un relevé général par corps et en double expédition. L'une des expéditions sera jointe à la comptabilité de l'hôpital ; l'autre sera remise à l'officier d'administration directeur, appuyée des bons du chirurgien-major. Ce comptable établira ensuite des extraits du relevé général pour chacun des corps, et le Conseil d'administration ou le chef du détachement, à la réception de ces extraits, pourvoira à l'acquittement de la dépense.

2. Les demandes faites par les corps de troupe à l'hôpital ne devront comprendre que les médicaments qui existent dans la nomenclature suivante, arrêtée par le Ministre de la guerre le 23 août 1843.

Racines.

1 Chiendent
2 Guimauve ratissée
3 Patience
4 Réglisse

Feuilles.

5 Bouillon blanc
6 Bourrache sèche
7 Guimauve
8 Mauve sauvage sèche

Fleurs.

9 Bouillon blanc
10 Bourrache
11 Camomille romaine
12 Centaurée (petite)
13 Mauve sauvage
14 Semen-contra pulvérisé
15 Sureau
16 Tilleul

Fruits.

17 Capsules de pavots blancs.
18 Poivre cubèbe pulvérisé

Excroissances.

19 Agaric amadouvier

Sucs gommeux.

20 Gomme arabique

Sucs résineux.

21 Colophane pulvérisée
22 Goudron
23 Oléo-résine de copahu
24 idem de térébenthine

Sucs huileux fixes.

25 Huile d'olive

Acides.

26 Acide azotique (nitrique)
27 Acide Chlorydrique (muriatique)
28 Acide sulfurique
29 id. tartrique

Minéraux et sels.

30 Alun

31 Ammoniaque liquide
32 Emetique
33 Nitrate d'argent cristallisé
34 Nitrate fondu
35 Sulfate de cuivre
36 Ether sulfurique alcoolisé (liqueur d'Hoffman)
37 Magnésie (carbonate de magnesie)
38 Bi-chlorure de mercure (sublime-corrosif)
39 Proto-chlorure de mercure (calomel)
40 Nitrate de potasse
41 Chlorure d'oxyde de sodium (liqueur de Labarraque)
42 Sulfate de soude (sel de Glauber)
43 Sulfate de zinc

Médicaments officinaux.

44 Acétate de plomb liquide (extrait de Saturne)
45 Alcool de camphre (eau-de-vie camphrée)
46 Alcoolé d'extrait d'opium.
47 Alcoolé d'Iode
48 Alun desséché
49 Cérat simple
50 Emplâtre brun (onguent de la mère)
51 Emplâtre mercuriel (emplâtre de Vigo)
52 Extrait d'opium
53 Mellite de roses rouges (miel rosat)
54 Onguent basilicum
55 Sulfure de potasse solide
56 Pommade anti-psorique
57 id. mercurielle
58 Poudre d'ipécacuanha
59 id. de jalap
60 id. de quinquina jaune
61 Poudre de cantharides
62 Savon anti-psorique
63 Collyre de Lanfranch
64 Sparadrap de diachylon
65 Percaline agglutinative

Médicaments magistraux.

66 Cérat soufré
67 Pommade d'hydriodate de potasse

Denrées.

68 Amidon
69 Moutarde pulvérisée
70 Miel blanc
71 Orge en grain
72 Riz
73 Son de froment (recoupette)
74 Semences de lin entières
75 Semences pulvérisées
76 Vinaigre blanc

3. L'Ordonnateur est chargé de l'exécution du présent arrêté qui sera enregistré partout où besoin sera.

Saint-Denis, le 24 juin 1852.

DORET.

Par le Gouverneur :

L'Ordonnateur,
BARRET.

N° 1332. — ARRÊTÉ *ajoutant le sulfate de quinine à la nomenclature des médicaments qui doivent être fournis aux corps de troupes, pour le service des infirmeries régimentaires.*

Du 9 Décembre 1852.

NOUS GOUVERNEUR DE L'ILE DE LA RÉUNION,

Vu l'arrêté local en date du 24 juin dernier;

Vu la nomenclature des médicaments à fournir aux infirmeries régimentaires, arrêtée par le Ministre de la guerre le 19 août 1843;

Attendu que le sulfate de quinine n'est pas compris dans cette nomenclature, et que les médicaments qui y sont portés doivent seuls être délivrés aux corps de troupes; que, par suite de cette omission, il deviendrait impossible de conserver dans les infirmeries régimentaires les militaires atteints des fièvres intermittentes de Madagascar; que, d'un autre côté, leur traitement à l'hôpital entraînerait, pour le trésor, une dépense considérable;

Sur la proposition du Commissaire Ordonnateur,

AVONS ARRÊTÉ ET ARRÊTONS :

Art. 1er. Le sulfate de quinine est ajouté à la nomenclature des médicaments qui, aux termes de l'arrêté du 24 juin 1852, sont fournis aux corps de troupes, par les soins de l'hôpital militaire de Saint-Denis, pour le service des infirmeries.

2. Le Commissaire Ordonnateur est chargé de l'exécution du présent arrêté qui sera enregistré aux Revues et au Contrôle.

Saint-Denis, le 9 décembre 1852.

HUBERT-DELISLE.

Par le Gouverneur :

L'Ordonnateur,

BARRET.

N° 1333. — *CIRCULAIRE ministérielle concernant le sulfate de quinine à introduire dans la nomenclature des médicaments destinés aux infirmeries régimentaires aux colonies.*

Paris, le 23 Juin 1854.

Monsieur le Gouverneur,

J'ai décidé que le sulfate de quinine serait introduit dans la nomenclature des médicaments à employer dans les infirmeries régimentaires aux colonies. Cette mesure ne doit pas avoir pour effet d'engager les chirurgiens-majors des troupes à traiter à l'infirmerie tous les malades atteints de fièvre. Ces malades devront toujours être envoyés dans les hôpitaux; mais lorsque, après un certain temps passé dans ces établissements, la fièvre aura été coupée et qu'il suffira d'administrer à des époques périodiques le fébrifuge destiné à prévenir une rechute, il y aura un grand intérêt, au double point de l'hygiène et de l'économie, à soigner les militaires à l'infirmerie, dans les chambres de convalescence. On évitera ainsi le séjour prolongé à l'hôpital qui, souvent, est pour l'homme une cause de démoralisation et d'affaiblissement, et on diminuera dans une notable proportion le nombre des journées d'hôpital dont le prix est si cher aux colonies.

L'emploi du sulfate de quinine devra, d'ailleurs, être de la part du chef du corps et du médecin en chef l'objet d'une surveillance spéciale. L'examen des prescriptions du chirurgien-major permettra au chef du service de santé de reconnaître si des maladies graves n'ont pas été à tort traitées à l'infirmerie, si la consommation de la quinine répond exactement au nombre de fiévreux admis à la chambre de convalescence et au nombre de journées passées dans cette salle. L'apurement de ces comptes sera délégué au Conseil de santé colonial, comme en France l'apurement des comptes de médicaments des bâtiments armés est demandé au Conseil de santé des ports.

Toutes les fois qu'une certaine quantité de quinine sera demandée par le chirurgien-major, soit qu'il y ait lieu à un achat en France, soit simplement à une cession de la part du service des hôpitaux, le médecin en chef sera appelé à examiner la demande.

Les médicaments destinés aux infirmeries régimentaires sont, d'ordinaire, payés sur la masse générale du corps : mais la quotité des fonds consacrés à cet objet ne permettrait pas l'acquisition de l'alcaloïde de quinquina, dont le prix est fort élevé. D'ailleurs il ne serait pas juste de laisser à la charge des régiments des dépenses en vue desquelles les allocations réglementaires n'ont pas été prévues, et qui, d'un autre côté, donneront lieu à des économies notables sur les fonds des hôpitaux. J'ai donc cru devoir décider que les 2/3 du prix d'achat du sulfate de quinine destiné aux infirmeries des troupes seraient imputées sur ces fonds ; l'autre tiers seulement sera payé sur la masse générale.

La présente dépêche sera enregistrée au Contrôle.

Recevez, etc.

Le Ministre Secrétaire d'État de la marine et des colonies,

TH. DUCOS.

N° 1334. — ***MERCURIALE** des denrées et productions coloniales, d'après laquelle la Douane aura à percevoir les droits de sortie pendant le mois de décembre* **1862.**

NATURE DES DENRÉES ET DES PRODUCTIONS DE L'ILE DE LA RÉUNION.	ESPÈCE des unités.	PRIX.	
Denrées coloniales.		F.	C.
Café..................................	les 100 kil.	160	»
Cacao.................................	id.	100	»
Épices diverses.. { Pimens.... / Ravensara. }	id.	100	»
Girofle (clous de)........................	id.	60	»
Girofle (griffes de).......................	id.	15	»
Macis..................................	id.	225	»
Muscades...............................	id.	100	»
Miel de toute sorte.................. ..	le litre	1	75
Vanille................................	le kilogram.	22	»
Sucre premier type......................	les 100 kil.	55	»
Sucre deuxième type......................	id.	48	»
Sucre troisième type.....................	id.	25	»
Pommes de terre et oignons............	id.	15	»
Légumes secs...........................	id.	25	»
Produits industriels.			
Chocolat...	id.	250	»
Huile essentielle de girofle.............	le litre	3	»
Sacs de vacoa..	les 100 sacs	20	»

Fait à Saint-Denis, le 28 novembre 1862.

Les Membres de la Commission présents,

Signé: BRIENNE, directeur; CARTIER, GAMIN, BERTHO, HUSSON et LHUILLIER.

Approuvé en séance du Conseil privé, le 15 décembre 1862.

Le Gouverneur,

Baron DARRICAU.

Par le Gouverneur :

Le Directeur de l'Intérieur,

CH. DE LAGRANGE.

N° 1335. — *MERCURIALE des marchandises étrangères, d'après laquelle la Douane aura à percevoir les droits d'entrée pendant le mois de décembre* 1862.

DÉSIGNATION DES MARCHANDISES.	UNITÉS.	PRIX.	DROITS par navires français.	DROITS par navires étrangers.
		f. c.		
Tortues des Seychelles...	Le kilog.	75	exempt	10 %
Tortues de Madagascar...	La tête	1	Id.	Id.
Gibier, volailles..........	Id.	1 25	Id.	Id.
Dindons et poules d'Inde..	Id.	5	Id.	Id.
Oies....................	Id.	4	Id.	Id.
Canards.................	Id.	2	Id.	Id.
Laine en masse pour matelas	Le kilog.	2	20 %	30 %
Nattes de jonc et d'écorce......	La pièce	3	6 %	10 %
Nattes pour parquets en rotin....	Le m. carré	6	Id.	Id.
Nattes pour parquets en bambou...	Id.	4	Id.	Id.
Nattes Persiennes.... en rotin.....	Id.	6	6 %	Id.
Nattes Persiennes.... en bambou...	Id.	4	Id.	Id.
Nattes fines.................	La pièce	2	Id.	Id.
Nattes communes............	Id.	1	Id.	Id.
Vannerie. — Paniers en rotin à linge................	Id.	12	Id.	Id.
Chaudières de fonte et de potin..................			15 %	25 %
Moulins à égrener.........			Id.	Id.
Pompes en bois non garnies.			Id.	Id.
Voitures à quatre roues riches.....	Id.	3500	20 %	30 %
Voitures à quatre roues ordinaires.	Id.	2500	Id.	Id.
Cabriolets riches.........	Id.	1500	Id.	Id.
Cabriolets ordinaires.....	Id.	1000	Id.	Id.
Objets de collection.......	Id.		1 %	2 %
Babarets en bois laqué, avec dessins en or, du Japon.	Id.		12 %	prohib.
Balais en crins de coco, manche bambou.........	La douzaine	18	Id.	Id.
Bateaux chinois, en racine de bambou, avec sculptures représentant personnages..................	La pièce	30	Id.	Id.
Bateaux en ivoire, représentant les bateaux de plaisance des Chinois........	Id.	100	Id.	Id.
Bandèges en bambou peint.	Le jeu de 3	9	Id.	Id.
Boîtes à whist et jetons en ivoire sculpté.... 1re qualité	La boîte	50	Id.	Id.
Boîtes à whist et jetons en ivoire sculpté.... 2e idem.	Id.	20	Id.	Id.
Boîtes en bois rouge, laquinées, avec sculptures (petites ou moyennes)...	Id.	15	Id.	
Boîtes de coquillages.....	Id.	5	Id.	
Boîtes à insectes, cadres en				Id.
verre, contenant toutes				Id

DÉSIGNATION DES MARCHANDISES.	UNITÉS.	PRIX.	DROITS par navires français.	DROITS par navires étrangers.
		f. c.		
sortes d'insectes.........	La boîte		12 %	prohib.
Boîtes recouvertes d'un tissu de soie, contenant peintures, pinceaux, etc.......	Id.	15	Id.	Id.
Boîtes jeux d'enfants, en carton ou bois peint, contenant petits instruments en cuivre, etc..........	Id.	12 50	Id.	Id.
Boîtes à mouchoirs, en bois laqué, dessins de personnages et de fleurs en or...	Id.	15	Id.	Id.
Boîtes à thé en bois laqué, dessins, etc. { ordinaires.		10		
Boîtes à thé en bois laqué, dessins, etc. { à 2 compartiments, riches...	Id.	35	Id.	Id.
Boîtes à thé en bois laqué, dessins, etc. { à 4 compartiments.	Id.	50	Id.	Id.
Boîtes à ouvrage, en bois laqué, dessins en or sur or, garnis en ivoire ou en os.	Id.	60	Id.	Id.
Boîtes communes à ouvrage.	Id.	20	Id.	Id.
Boîtes à cigares, en bois laqué, dessins en or sur or, l'intérieur garni d'une boîte en plomb...........	Id.	6	Id.	Id.
Boîtes à jeu, en bois laqué, dessins en or sur or......	Id.	45	Id.	Id.
Boîtes à tabac à fumer, en cuivre, avec incrustations de nacre du Japon.......	Id.	20	Id.	Id.
Boîtes à priser, en cuivre, avec incrustations de nacre du Japon..............	Id.	20	Id.	Id.
Boîtes à francs-maçons, cadres en bois avec incrustations de nacre du Japon..	Id.	60	Id.	Id.
Albums { de 12 feuilles....		18	Id.	Id.
Albums { de 24 feuilles....		30	Id.	Id.
Boîtes contenant 10 tasses en bois, bois laqué, servant de tasses à thé, avec incrustations de nacre du Japon.................	Id.	30	Id.	Id.
Bonnets de mandarins, toques en velours, garnis en soie, boutons de diverses couleurs................	La pièce	5	Id.	Id.
Cabarets en laque rouge...	Id.	10	Id.	Id.
Cabinets pour enfants, petites armoires à tiroirs, en				

DÉSIGNATION DES MARCHANDISES.		UNITÉS.	PRIX.	DROITS par navires français.	DROITS par navires étrangers.
			f. c.		
bois laqué, avec dessins en or...		La pièce	40	12 °/°	prohib.
Cages à oiseaux en rotin très fin imitant le fil de fer....		Le jeu de 4	10	Id.	Id.
Chapelets noirs faits en noix de coco du Japon........		La pièce	10	Id.	Id.
Cahiers en ivoire, peints, représentant figures et costumes chinois...........					Id. Id. Id.
Casse-têtes, en bois de sandal, en os ou en ivoire...		Id.	5	Id.	
Cassettes incrustées de pierres de Nankin, représentant des personnages, etc....		Id.	125	Id.	Id.
Colliers en bois de sandal..		Le kilog.	20	Id.	Id.
Corbeilles à pain, en bois laqué, avec dessins en or.............	laque noire.	Le jeu de 3	12	Id.	Id.
	laque rouge.	Id.	25	Id.	Id.
Couverts chinois, composés du couteau, des 2 bâtons et de cure-dents en os ou en ivoire..............		La pièce	2 50	Id.	Id.
Couteaux à beurre, en ivoire ou en nacre, manche sculpté................		Id.	7 50	Id.	Id.
Cuillers à thé, en bois laqué, avec incrustations en nacre du Japon..........		Id.	1	Id.	Id.
Cuillers à moutarde, en nacre ou en ivoire.........		Id.	2	Id.	Id.
Echiquiers en bois laqué, dessins en or sur or......		Id.	12 50	Id.	Id.
Ecrans en plumes coloriées et à manche d'ivoire......		Id.	6	Id.	Id.
Ecrans en tissus de soie, manche en ivoire sculpté.		Id.	10	Id.	Id.
Encre chinoise............		Les 6 bât.	5	Id.	Id.
Encriers en bois laqué, avec dessins en or...........		La pièce	10	Id.	Id.
Enseignes en bois laqué, avec dessins en or......		Id.	200	Id.	Id.
Etuis en ivoire sculpté, représentant personnages.	petits..	Id.	1	Id.	Id.
	grands.	Id.	5	Id.	Id.
Eventails de toutes sortes, avec dessins en or sur or.	en os.....	Id.	5	Id.	Id.
	en plumes.	Id.	8	Id.	Id.
	en laque..	Id.	12	Id.	Id.
	en sandal.	Id.	15	Id.	Id.
	en ivoire..	Id.	20	Id.	Id.

DÉSIGNATION DES MARCHANDISES.	UNITÉS.	PRIX.	DROITS par navires français.	DROITS par navires étrangers.
Feuilles de bétel peintes et représentant fleurs, oiseaux, personnages, etc.	La boîte	f. c. 6	12 °/ₒ	prohib.
Feuilles de papier de riz peintes, représentant fleurs, oiseaux, personnages, etc.	Le c. de 12 f.	25	Id.	Id.
Fiches en ivoire et en nacre.	Le jeu	50	Id.	Id.
Fleurs en ivoire..........	La d. de pots	75	Id.	Id.
Jeux d'échecs en ivoire ou en os, simples, non montés sur boules...........	Le jeu	15	Id.	Id.
Jeux d'échecs en ivoire, montés sur boules en ivoire les unes dans les autres.	Id.	80	Id.	Id.
Jeux d'échecs en ivoire (1re grandeur), dits montres.	Id.	400	Id.	Id.
Jeux de fiches en nacre, avec dessins imprimés ou sculptés....................	Id.	25	Id.	Id.
Jeux de bagues en os ou en ivoire.................	Id.	3	Id.	Id.
Jeux diablotins en os ou en ivoire.................	Id.	3	Id.	Id.
Joss-tick, allumettes composées de sciure de bois et colle de fiente de vache ..	Le kilog.	2 50	Id.	Id.
Joss-tick à odeur sandal, allumettes composées de sciure de bois de sandal et colle de fiente de vache..	Id.	5	Id.	Id.
Instruments de musique (espèce de guitare).........	La pièce	4	Id.	Id.
Espèce de fauteuils à tiroirs en bambou..............	Id.	30	Id.	Id.
Lanternes chinoises en tissu de soie extrêmement léger, peintures diverses — carrées.	Id.	20	Id.	Id.
Lanternes chinoises en tissu de soie extrêmement léger, peintures diverses........ — rondes.	Id.	5	Id.	Id.
Malles en carton, composition carton peint et verni imitant le cuir..........	Le jeu de 5	40	Id.	Id.
Malles de camphre, en bois de camphre, recouvertes en cuir, pour la conservation des habits et du linge..................	Id.	200	Id.	Id.
Malles de camphre, en bois de camphre, avec coins en cuivre, sans cuir........	Id.	150	Id.	Id.

DÉSIGNATION DES MARCHANDISES.	UNITÉS.	PRIX.	DROITS par navires français.	DROITS par navires étrangers.
		f. c.		
Mousse du Japon..........	Le kilog.	5	12 %	prohib.
Paniers en écaille travaillée à jour................	La pièce	70	Id.	Id.
Paniers à linge, en petit rotin fendu en plusieurs parties....................	Le jeu de 3	30	Id.	Id.
Parapluies chinois en papier peint et huilé, manches bambou................	La pièce	3	Id.	Id.
Paravents, bordure en laque, fond en papier... .	Id.	60	Id.	Id.
Petits bateaux faits en noix de coco, et représentant les bateaux des Tancadaires......	Id	5	Id.	Id.
Peignes en écaille (grands et petits)...............	Id.	5	Id.	Id.
Petits magots en pierre tendre et propres à détacher la soie...... ·..........	Id.	2	Id.	Id.
Petits animaux en plâtre peint..................	Les mille	50	Id.	Id.
Petits garde-manger, l'extérieur garni de paille du Japon..................	La pièce	25	Id.	Id.
Persiennes en rotin très fin, dessins de toutes sortes..		4	Id.	Id.
Peintures sur papier de riz.	La feuille	2 50	Id.	Id.
Petits plateaux pour bouteilles, en bois laqué, dessins en or..............	La pièce	2	Id.	Id.
Pipes chinoises, tuyaux en bambou et rotin, pipes composition étain, cuivre, etc.....................	Id.	2	Id.	Id.
Plateaux pour plats, en rotin tissé très fin........	Le jeu de 4 ou 5	5	Id.	Id.
Plateaux pour plats, en bois laqué avec dessins en or sur or..................	Id.	60	Id.	Id.
Porte-cartes de visites en écaille imprimée et incrustée, intérieur garni en soie....................	La pièce	0	Id.	Id.
Porte-cartes de visites en ivoire sculpté...........	Id.	0	Id.	Id.
Porte-cartes de visites en nacre plaquée et incrustée.	Id	5	Id.	Id.
Porte-cartes en laque, avec dessins en or sur or......	Id		d.	Id

DÉSIGNATION DES MARCHANDISES.	UNITÉS.	PRIX.	DROITS par navires français.	DROITS par navires étrangers.
Porte-montres en bois laqué et dessins or sur or......	Le jeu de 4 ou 5	8	12 °/.	prohib.
Porte-joss-tick, sorte de bateaux en bois laqué contenant allumettes, intérieur garni de plomb.........	Id.	3	Id.	Id.
Porte-éventails en carton, extérieur garni en soie brodée................	Id.	2	Id.	Id.
Porte-tabac en carton, extérieur garni en soie brodée....................	Id.	5	Id.	Id.
Porte-cigares { communs.	La pièce	3	Id.	Id.
Porte-cigares { fins......	Id.	0	Id.	Id.
Poupées représentant des petits Japonais..........	Id.	5	Id.	Id.
Pupitres en bois laqué, dessins en or sur or.. { pour dames..	Id.	30	Id.	Id.
Pupitres en bois laqué, dessins en or sur or.. { pour hommes.	Id.	50	Id.	Id.
Pupitres en bois de racine, garniture extérieure en cuivre.................	Id.	60	Id.	Id.
Sacoches en ivoire, porte-flacons d'odeurs sculptés à jour....	Id.	20	Id.	Id.
Semainiers en ivoire, travaillés à jour et sculptés..	Id.	00	Id.	Id.
Semainiers en bois de sandal, avec incrustations riches....................	Id.	75	Id.	Id.
Semainiers en bois laqué avec incrustations riches.	Id.	12 50	Id.	Id.
Souliers chinois imitant les pieds des femmes chinoises, faits en plâtre et recouverts de soie.........	La paire	5	Id.	Id.
Tables en bambou........	Le jeu de 6	10	Id.	Id.
Tabatières en écaille, avec incrustations représentant personnages............	La pièce	30	Id.	Id.
Tables-guéridons en bois laqué, dessins or sur or. Les tables entrent les unes dans les autres..........	Le jeu de 4	50	Id.	Id.
Tables à échiquier, avec dessins or très riches, garnies de nacre, pour les jetons..	La pièce	225	Id.	Id.
Tables à thé, en bois laqué, dessins en or sur or......	Id.	60	Id.	Id.

DÉSIGNATION DES MARCHANDISES.	UNITÉS.	PRIX.	DROITS par navires français.	DROITS par navires étrangers.
		f. c.		
Tables à ouvrage, en bois laqué, dessins or sur or..... 1re qualité.	La pièce	175	12 %	prohib.
Tables à ouvrage, en bois laqué, dessins or sur or..... 2e idem..	Id.	100	Id.	Id.
Tableaux, intérieurs chinois, peintures sur toile représentant personnages, etc..................	Id.	20	Id.	Id.
Tableaux, vues de Canton, Macao, Boca, Tigris, etc., peintures sur toile.......	Id.	20	Id.	Id.
Tableaux, paysages chinois.	Id.	20	Id.	Id.
Tableaux sur verre, encadrement en bois sculpté..	Id.	10	Id.	Id.
Tableaux en paille de couleur, cadres en bois laqué du Japon.............	Id.	125	Id.	Id.
Vide-poches en écaille ou ivoire, sculptés à jour....	La paire	30	Id.	Id.
Toiles et percales blanches et écrues.... Conjons Nos 14	La pièce de 31 à 33 mètres et au-dessous.	22	20 %	Id.
Conjons 16		22	Id.	Id.
Conjons 18 et 19		22	Id.	Id.
Conjons 23		30	Id.	Id.
Conjons 26		30	Id.	Id.
Conjons 30		40	Id.	Id.
Conjons 36		50	Id.	Id.
Écrues.....	La p. de 15 à 16 m.	7	Id.	Id.
Filature blanche et écrue..	Id.	6	Id.	Id.
Salem-poor..............	Id.	7	Id.	Id.
Percale bleue, dite *sandercana*.................	La p. de 8m et au-dessous.	4 50	Id.	Id.
Percale bleue ordinaire....			Id.	Id.
Toiles à carreaux.........	La p. de 15 à 16 m.	5	Id.	Id.
Mouchoirs dits *burgos*.....	La p. de 8 m.	2	Id.	Id.
Pantalons et chemises de toile grossière, servant au vêtement des travailleurs.	La pièce	1 50	Id.	Id.
Toiles à voiles, de coton...	Le mètre	0 70	Id.	Id.
Guinées ou toiles bleues — Filature.....	La p. de 15 à 16 m.	12 50	12 %	Id.
Guinées ou toiles bleues — Salem.......	Id.	8	Id.	Id.
Guinées ou toiles bleues — Oréarpoléon.	Id.	8	Id.	Id.
Guinées ou toiles bleues — Conjons.....	Id.	0	11	Id.
Meubles.. Fauteuils à dossier renversé, de Pondichéry.	La pièce	20	10 %	Id.
Meubles.. Fauteuils droits	Id.	15	Id.	Id.
Meubles.. Chaises.......	Id.	6	Id.	Id.

DÉSIGNATION DES MARCHANDISES.		UNITÉS.	PRIX.	DROITS par navires français.	DROITS par navires étrangers.
			f. c.		
Tabourets		La pièce	4	10 %	prohib.
Jouets d'enfants		Id.		Id.	Id.
Pantoufles de Pondichéry		La paire	40	12 %	Id.
Peaux	de cabri de Pondichéry	Les 100	75	6 %	
	de mouton de Pondichéry	Id.	45	Id.	

Fait à Saint-Denis, le 28 novembre 1862.

Les Membres de la Commission présents,

Signé : Brienne, directeur ; Cartier, Gamin, Bertho, Husson et Lhuillier.

Approuvé en séance du Conseil privé, le 3 décembre 1862.

Le Gouverneur,
Baron DARRICAU.

Par le Gouverneur :

Le Directeur de l'Intérieur,
Ch. de Lagrange.

N° 1337. — NOMINATIONS, PROMOTIONS, MUTATIONS ET MOUVEMENTS DIVERS.

Administration Militaire.

— Par arrêté du Gouverneur en date du 15 novembre 1862,

Les mutations suivantes auront lieu au 2e Conseil de guerre, pour l'affaire du disciplinaire Huot de Neuvier seulement :

MM. Mazières, capitaine d'artillerie, est nommé président;
Prud'homme de Saint-Maur, capitaine d'infanterie de marine, est nommé commissaire impérial;
Paté, lieutenant du génie, est nommé juge;
Bonnin, sous-lieutenant d'artillerie, est nommé juge.

— Par arrêté du Gouverneur en date du 20 novembre 1862,

M. Yon, sous-lieutenant d'infanterie de marine, est nommé juge, en remplacement de M. Bonnin empêché, pour l'affaire du disciplinaire Huot de Neuvier seulement.

— Par arrêté du 5 décembre 1862, ont été nommés juges au 1er Conseil de guerre :

MM. Outré, capitaine d'infanterie;
Thomé, lieutenant idem.

— Par arrêté du Gouverneur en date du 24 décembre 1862, ont été nommés dans la milice de Saint-Louis :

Au grade de Lieutenant :

MM. Chamand (Ferdinand),
Fontaine (Richard),
Payet (Jean-Baptiste),
Cadet (Charles-Benjamin).

Au grade de Sous-Lieutenant :

MM. Rivière (Félix),
Payet (Ferdinand),
Cuvelier (Julien).

— Par arrêté du Gouverneur en date 24 décembre 1863, ont été nommés dans la milice de Saint-Paul :

Au grade de Capitaine :

MM. Imbert (Alphonse),
Lelièvre (François).

Au grade de Sous-Lieutenant :

MM. Lautret (Henry),
Buttié (Auguste).

— Par arrêté du Gouverneur en date du 24 décembre 1862, ont été nommés dans la milice de Saint-Benoit :

Au grade de Capitaine :

MM. Hubert-Delisle (Laisné),
Louis Julie.

Au grade de Lieutenant :

MM. Philip (Benoit),
Boyer (Charles),
Collet (Pierre),
Labeaume (Philippe),
Manès (Joseph).

Au grade de Sous-Lieutenant :

MM. Prudent (Jean-Baptiste),
Edouard (Désiré),
Esparon (Gustave),
Collet (Jean-Jacques),
Moreau (Eugène),
Pitou (Alfred),
Manès (Evariste),
Fin (Alphonse).

Administration de la Marine.

— Par dépêche ministérielle en date du 31 octobre 1862, une nouvelle prolongation de congé de convalescence de trois mois est accordée à M. Bédier, sous-commissaire de la marine.

— Par décision du Gouverneur en date du 5 décembre 1862, sur le rapport de l'Ordonnateur, les divers corps de la garnison, à dater du 15 décembre jusqu'au 15 avril 1863, recevront pour acidulage, par homme et par jour, la quantité de 0ˡ 03125 de rhum, par application des articles 256 et 257 de l'ordonnance royale du 22 juin 1847.

— Par ordre de l'Ordonnateur en date du 7 décembre 1862, M. Ravin (Godefroy-Albert), commis de marine, débarqué le 7 décembre courant de l'aviso à vapeur le *Labourdonnais*, à bord duquel il remplissait provisoirement les fonctions d'officier d'administration, est appelé à continuer ses services au détail de l'Inscription maritime à Saint-Denis.

— Par décision du Gouverneur en date du 15 décembre 1862, M. Roze (Isidore-Joseph) est nommé, provisoirement et sauf l'approbation du Ministre de la marine et des colonies, à l'emploi de volontaire de la marine, pour être embarqué sur l'aviso mixte le *Labourdonnais*.

— Par ordre de service de l'Ordonnateur en date du 16 décembre 1862, M. Barret (Hippolyte-Ange-Marie), écrivain de marine, provenant de la Métropole et débarqué dans la Colonie le 13 décembre courant, est appelé à servir au détail de l'Inscription maritime à Saint-Denis.

— Par ordre de service de l'Ordonnateur en date du 16 décembre 1862, M. Mahé de la Villeglé (Louis-Sébastien-Ange-Marie), provenant de la Métropole et débarqué dans la Colonie le 15 décembre courant, est appelé à servir au détail des Fonds à Saint-Denis.

— Par ordre de service de l'Ordonnateur en date du 27 décembre 1862, M. Elias (Aristide), écrivain de la marine, commis aux entrées à l'hôpital de Saint-Paul, est placé, en conservant son premier emploi, sous les ordres immédiats du chef du service maritime de ce quartier.

Administration de l'Intérieur.

— Par décret de S. M. l'Empereur en date du 7 septembre 1862,

La nomination faite par l'Evêque de Saint-Denis (île de la Réunion) de l'abbé Lambert (René), chanoine du diocèse d'Angers, aux fonctions de vicaire-général de son diocèse en remplacement de M. l'abbé Le Villain, est agréée.

— Par décision de S. Ex. le Ministre de la marine et des colonies en date du 27 septembre 1862,

MM. d'Hièvre (Joseph) et Baur (Edouard), prêtres, sont désignés comme professeurs au Petit Séminaire diocésain.

— Par décision de S. Exc. le Ministre de la marine et des colonies en date du 6 octobre 1862,

Les frères Cansot (Martin-Célestin), et Gruneissem (Thiébaut-Febeien), ont été désignés pour remplacer, à l'Asile de la Providence, les frères Augustin et Michel, décédés.

— Par décision de S. Ex. le Ministre de la marine et des colonies en date du 11 octobre 1862,

Il a été accordé à M. l'abbé Marcotte, prêtre de la Réunion, une prolongation de trois mois de congé.

— Par décision de S. Exc. le Ministre de la marine et des colonies en date du 11 octobre 1862,

Il est accordé à M. Domengé, maître élémentaire au Lycée de la Réunion, une prolongation de 3 mois de congé.

— Par décision de S. Exc. le Ministre de la marine et des colonies en date du 11 octobre 1862,

Il a été accordé à M. Oudin, économe du Lycée, une prolongation de deux mois de congé qui expirera le 8 décembre suivant.

— Par décision de S. Exc. le Ministre de la marine et des colonies en date du 24 octobre 1862,

M. Coisnet (Louis), élève ecclésiastique, est désigné comme professeur de mathématiques et de physique au Séminaire Collége de la Colonie.

— Par arrêté du Gouverneur en date du 5 novembre 1862, M. François (Joseph-Ernest) est nommé écrivain temporaire à la Direction de l'intérieur.

— Par arrêté du Gouverneur en date du 5 novembre 1862, M. Gabou (Fabien) est nommé préposé-surveillant de la fabrication et de la vente des rhums.

— Par arrêté du Gouverneur en date du 5 novembre 1862, M. Cousin, maître répétiteur de 2e classe au Lycée impérial de la Réunion, est révoqué de ses fonctions.

— Par décision du Directeur de l'intérieur en date du 13 novembre 1862, la démission offerte par M. Prévost de Langristain (Henri-François), de son emploi d'écrivain temporaire à la Direction de l'intérieur, est acceptée à compter du 14 du même mois.

— Par décision du Directeur de l'intérieur en date du 15 novembre 1862, la démission de M.

Choppy, commis de la poste aux lettres à Saint-Pierre, est acceptée à compter du 6 du même mois;

Le sieur Grondin (Pierre-Nanteuil), facteur de ville dans la même commune, est nommé commis de la poste aux lettres à Saint-Pierre, en remplacement de M. Choppy;

Le sieur Lambriquet (Charles-Joseph), né le 10 février 1838, est nommé facteur de ville à Saint-Pierre en remplacement du sieur Grondin passé à d'autres fonctions.

— Par arrêté du Gouverneur en date du 3 décembre 1862, M. Armanet, receveur des actes judiciaires à Saint-Pierre, est nommé délégué du chef du service de l'Enregistrement auprès du bureau de l'assistance judiciaire établi dans l'arrondissement Sous-le-Vent.

— Par arrêté du Gouverneur en date du 11 décembre 1862, M. Coquerel, chirurgien de 1re classe de la marine, docteur médecin, a été nommé membre de la Commission administrative du Muséum en remplacement de M. Petit, parti pour la France.

— Par arrêté du Gouverneur en date du 13 décembre 1862, M. Jamin (Charles-Alexis), né à Sainte-Suzanne le 18 août 1817, est nommé préposé-surveillant de la fabrication et de la vente des rhums.

— Par décision du Directeur de l'intérieur en date du 15 novembre 1862, une Commission extraordinaire composée:

D'un receveur des Domaines ou de tout autre agent de ce service;

De l'ingénieur colonial;

Du chef du bureau des Finances et Approvisionnements ou de son délégué;

D'un représentant de la Société de Crédit agricole et de M. le Contrôleur ou de son délégué,

Se réunira le mardi 18 novembre 1862, à 8 heures du matin, à la Grande-Chaloupe, à l'effet de procéder à l'inventaire du mobilier des lazarets de la Grande-Chaloupe et de la Ravine à Jacques, ainsi qu'à l'évaluation de ce mobilier, qui, aux termes de l'article 3 de l'arrêté du 19 août 1862 précité, doit être laissé à la charge de la Société de Crédit agricole.

— Par arrêté du Gouverneur en date du 20 décembre 1862, M. Espéron (Louis) a été nommé syndic-adjoint à Sainte-Rose, en remplacement de M. Girois, décédé.

— Par arrêté du Gouverneur en date du 20 décembre 1862, M. Ferrand, conducteur des Ponts et Chaussées, est autorisé, avant l'expiration du congé de 6 mois qui lui a été accordé, à reprendre son service à compter de cette époque.

— Par décision du Directeur de l'intérieur en date du 21 décembre 1862, les décisions des 30 août et 1er décembre 1862, qui fixent la résidence des conducteurs et employés des Ponts et Chaussées, sont modifiées ainsi qu'il suit :

M. Ferrand est chargé de la circonscription de Saint-Louis, en remplacement de M. Falecker, qui est attaché définitivement à la circonscription de Saint-Denis ; ces dispositions auront leur effet à compter du 20 décembre courant.

— Par décision du Directeur de l'intérieur, en date du 26 décembre 1862, mesdames Marie-Suzanne Betsy, en religion sœur Marie-Joseph, née à Saint-André en 1830, et Marie-Venoncine Lauratet, sœur M. de la Compassion, seront attachées à l'hospice de la Providence, et jouiront, à compter du 1er janvier 1863, d'un traitement annuel de 900 francs, imputable sur le budget du service local.

— Par arrêté du Gouverneur en date du 31 décembre 1862, M. Renou (Désiré-Félix), prêtre, est attaché au clergé colonial, en remplacement de M. l'abbé Plassiard, rayé sur sa demande du cadre colonial.

— Par arrêté du Gouverneur en date du 31 décembre 1862, M. Thiodon de Beaupré (Jean-Louis) a été nommé commissaire de police adjoint à Saint-Benoit.

Administration de la Justice.

— Conformément à l'arrêté du Gouverneur en date du 4 décembre 1862, enregistré à la Cour impériale le 5 du même mois,

M. Sudraud Desisles a pris son siége de procureur impérial près le Tribunal de première instance de Saint-Pierre;

M. Bert, qui occupait ce même siége à titre intérimaire, a pris son siége de conseiller-auditeur à la Cour impériale;

M. Terral, qui occupait à titre intérimaire le siége de conseiller-auditeur à la Cour impériale, a repris son siége de juge au Tribunal de première instance de Saint-Denis.

— Par arrêté du Gouverneur en date du 9 décembre 1862, enregistré à la Cour impériale le 13 du même mois, M. Arnaud (d'Ariste-Augustin-François), médecin en chef par intérim, a été nommé assesseur de l'arrondissement du Vent, en remplacement de M. Villette, parti pour la France.

— Par arrêté du 10 décembre 1862, M. le Gouverneur a ordonné l'inscription sur les registres matricules du bureau des Revues, de M. Ernest Hoarau, en qualité de 1er commis-greffier du Tribunal de 1re instance de Saint-Pierre, en remplacement de M. Canivet Ponphily, appelé à d'autres fonctions.

CERTIFIÉ CONFORME :

Le Contrôleur colonial,

DESROBERT.

TABLE CHRONOLOGIQUE

DES

MATIÈRES

CONTENUES DANS LE BULLETIN OFFICIEL

DE

LA RÉUNION

PENDANT L'ANNÉE 1862

TABLE PAR ORDRE CHRONOLOGIQUE DES MATIÈRES QUI COMPOSENT LE BULLETIN OFFICIEL DE LA RÉUNION EN 1862.

DATES.	NATURE ET ANALYSE DES ACTES.	PAGE.
1862. — 16 janvier.	Arrêté local. — Autorisation est donnée au Directeur de l'intérieur de prélever 100,000 francs sur les fonds de la caisse de réserve.	37
Id. — 17 Id.	Arrêté local. — Création d'emplois de lieutenant de port à Saint-Pierre et à Saint-Paul. .	38
Id. — 18 Id.	Circulaire ministérielle. — Mesures à prendre pour compléter les observations sur la transmission des dépêches entachées d'irrégularités.	132
Id. — 20 Id.	Circulaire ministérielle. — Observations au sujet de l'envoi des notes confidentielles, concernant le personnel de l'enregistrement et celui des contributions. Mode d'avancement dans ces deux services.	133
Id. — 22 Id.	Arrêté local. — Fixation des limites entre les 3ᵉ et 4ᵉ circonscriptions des milices de Saint-Louis.	40
Id. — 24 Id.	Dépêche ministérielle. — Dispositions concernant le service du génie à Sainte-Marie de Madagascar.	137
Id. — 29 Id.	Arrêté local. — Défense est faite aux cantiniers débitants et autres de vendre des spiritueux ou toute boisson fermentée aux disciplinaires.	40
Id. — 29 Id.	Arrêté local. — Fixation du traitement du chef du service de l'enregistrement et des domaines.	47
Id. — 29 Id.	Arrêté local. — Augmentation de l'indemnité de déplacement	

DATES.	NATURE ET ANALYSE DES ACTES.	PAGE.
1862. — 31 janvier.	Arrêté local. — Des subventions sont allouées à diverses communes pour secours aux malades et indigents.	47
Id. — 3 février.	Arrêté local. — Fixation du prix du blanchissage des effets de literie militaire à rembourser au service marine par les corps coloniaux en 1862. . . .	71
Id. — 5 Id.	Arrêté local. — Mercuriale des denrées et productions coloniales d'après laquelle la douane percevra les droits de sortie pendant le mois de février 1862..	101
Id. — 5 Id.	Arrêté local. — Mercuriale des marchandises étrangères d'après laquelle la douane percevra les droits d'entrée pendant le mois de février 1862.	102
Id. — 6 Id.	Dépêche ministérielle. — Nouvelles mesures adoptées par l'administration des postes, au sujet de la correspondance avec les colonies françaises, par voie de Suez.	183
Id. — 10 Id.	Dépêche ministérielle. — Instructions au sujet des indications à porter sur les bordereaux de versements faits dans les colonies pour le compte des divers agents appartenant à la marine.	184
Id. — 11 Id.	Arrêté local. — Nouvelles attributions de l'archiviste colonial.	72
Id. — 12 Id.	Décret impérial. — Formalités à remplir pour la conversion des rentes 4 1/2 en rente 3 0/0.	311
	Arrêté du Ministre des finances	

DATES.	NATURE ET ANALYSE DES ACTES.	PAGE.
	faisant suite au décret precité du 12 février 1862.	313
	Avis du Ministre des finances aux propriétaires de rentes 4 1/2 et 4 0/0.	315
1862. — 14 février.	Arrêté local. — Règlement pour la liquidation des dépenses d'achat de matériel et de vivres destinés à la flotte.	75
Id. — 14 Id.	Dépêche ministérielle. — Notification d'un décret concernant les modifications apportées dans l'organisation du personnel des douanes aux colonies. .	185
Id. — 14 Id.	Ordre local. — Règles à suivre concernant la liquidation des dépenses de matériel et de vivres destinés à la flotte.	75
Id. — 15 Id.	Arrêté local. — Autorisation donnée à la création à Saint-Paul d'une société de secours mutuels, sous le titre de société ouvrière et industrielle. . .	76
Id. — 16 Id.	Dépêche ministérielle. — Observations concernant les lettres des colonies à destination du Brésil.	189
Id. — 16 Id.	Circulaire ministérielle. — Autorisation d'ouvrir un concours pour le grade d'aide-commissaire dans le service colonial. .	186
Id. — 17 Id.	Arrêté local. — Ouverture de crédits provisoires sur l'exercice 1861, au titre des chapitres 1 et 2 (service colonial, budget de la marine et des colonies).	77
Id. — 17 Id.	Arrêté local. — Les conseils	

DATES.	NATURE ET ANALYSE DES ACTES.	PAGE.
	d'administration des troupes et les commandants de compagnies et de détachements isolés, sont chargés d'administrer les successions de leurs hommes.	78
1862. — 19 février.	Arrêté local. — Fixation du prix des aliments extra-réglementaires dans les hôpitaux militaires.	31
Id. — 22 Id.	Arrêté local. — Un avertissement est donné au journal le *Nouveau Colon,* dans la personne de son gérant, le sieur Arnali.	83
Id. — 22 Id.	Circulaire ministérielle. — Rappel des instructions contenues dans la circulaire du 26 juin 1855, au sujet du code des signaux de M. Reynaud Chauvancy.	447
Id. — 22 Id.	Arrêté local. — Un avertissement est donné au *Journal du Commerce* dans la personne de son gerant le sieur Vital Delval.	82
Id. — 24 Id.	Dépêche ministérielle. — Avis de l'approbation par le ministre de l'arrêté de réorganisation du service de la police générale.	189
Id. — 25 Id.	Arrêté local.— Nomination d'assesseurs de l'arrondissement Sous-le-Vent.	88
Id. — 25 Id.	Arrêté local. — Dispositions sanitaires préventives contre les provenances de Maurice, à raison de l'épidémie de choléra qui règne dans cette île.	84

DATES.	NATURE ET ANALYSE DES ACTES.	PAGE.
	probation de l'arrêté local du 27 décembre 1861, concernant la formation mensuelle des mercuriales pour la perception des droits de sortie sur les sucres et la composition de la commission.	203
1862. — 12 mars.	Dépêche ministérielle. — Approbation par S. E. de l'arrêté local portant augmentation de l'impôt sur les liqueurs fortes.	204
Id. — 12 Id.	Circulaire ministérielle. — Instruction au sujet de la conversion des rentes 4 1/2 0/0 en rente 3 0/0.	206
Id. — 13 Id.	Circulaire ministérielle. — Communication relative à l'une des formalités qui doivent être observées pour obtenir l'autorisation d'accepter des legs de bienfaisance.	208
Id. — 13 Id.	Arrêté local. — Le cadre des agents subalternes du service des eaux et forêts est réduit à 4 brigadiers. Les gardes actuels peuvent être admis dans le cadre de la police générale. . . .	143
Id. — 13 Id.	Arrêté local. — Un avertissement est donné au journal la *Malle*, dans la personne de son gérant, le sieur Ozoux.	142
Id. — 19 Id.	Arrêté local. — Ouverture d'un crédit provisoire de 10,000 francs sur l'exercice 1861, au compte du chapitre 1er, service colonial.	147
Id. — 19 Id.	Arrêté local. — La commune de Saint-Benoit est autorisée à acquérir, pour ses chemins vicinaux, un terrain des héritiers	

DATES.	NATURE ET ANALYSE DES ACTES.	PAGE.
1862. — 1er mai.	Arrêté local. — Le *Journal officiel* a seul le droit d'insérer les annonces judiciaires et légales, dans l'arrondissement du Vent.	273
Id. — 5 Id.	Circulaire ministérielle. — Interprétation du décret du 4 février 1849 sur la solde des magistrats intérimaires	324 379
Id. — 6 Id.	Dépêche ministérielle. — Communication relative aux marchandises étrangères non tarifées.	326
Id. — 6 Id.	Dépêche ministérielle. — Règles à suivre pour l'admission exceptionnelle des marchandises non tarifées.	327
Id. — 9 Id.	Arrêté local. — Une indemnité de 3 mois de solde sera payée aux agents inférieurs du service des eaux et forêts qui refuseront de continuer leurs services en qualité d'agents de la police.	274
Id. — 10 Id.	Arrêté local. — Qui autorise l'administration des domaines à acquérir du sieur de Guigné une parcelle de terrain pour la rectification de la rampe des Chicots.	275
Id. — 12 Id.	Dépêche ministérielle. — Admission à la retraite de M. Leyris, juge d'instruction à Saint-Denis.	330
Id. — 12 Id.	Circulaire ministérielle. — Les employés des trésoriers payeurs aux colonies, peuvent être traités dans les hôpitaux militaires, aux mêmes conditions que les fonctionnaires publics.	328

DATES.	NATURE ET ANALYSE DES ACTES.	PAGE.
1862. — 22 mai.	Dépêche ministérielle. — Régime douanier à appliquer aux agrès, apparaux, etc., provenant de navires étrangers naufragés.	331
Id. — 23 Id.	Dépêche ministérielle. — Le capitaine au long-cours N..., ex-second du navire *Victor-Amédée*, est privé pour un an de la faculté de commander. .	333
Id. — 24 Id.	Arrêté local. — Dispositions concernant les frais de professorat des petits séminaires, et les bourses allouées au collége diocésain à la Réunion.	281
Id. — 26 Id.	Circulaire ministérielle. — Prescriptions au sujet des versements à effectuer pour les marins à la caisse des gens de mer, du décomptage des salaires, et des procurations souscrites au profit des tiers	456
Id. — 26 Id.	Dépêche ministérielle. — Communication ayant pour objet la nomination d'un greffier des tribunaux civils à Mayotte. . .	334
	Décret impérial portant nomination du sieur Jude comme greffier des tribunaux civils à Mayotte (21 mai 1862).	414
Id. — 28 Id.	Arrêté local. — Règles à suivre sur les passages à donner à bord des bâtiments de l'État aux colons civils de Mayotte et dépendances.	773
Id. — 2 juin.	Arrêté local. — Promulgation du sénatus-consulte du 22 avril 1862, concernant les mariages à l'île de la Réunion.	321

DATES.	NATURE ET ANALYSE DES ACTES.	PAGE.
	Le sénatus-consulte précité du 22 avril 1862.	322
1862. — 2 juin.	Arrêté local. — Promulgation du décret du 15 mars 1862, qui nomme M. Barquisseau juge de paix du canton de Saint-Joseph.	316
	Le décret précité du 15 mars 1862.	317
Id. — 2 Id.	Arrêté local. — Promulgation du décret du 12 avril 1862 qui crée un septième emploi de conseiller à la Cour impériale de la Réunion.	318
	Le décret précité du 12 avril 1862.	319
Id. — 3 Id.	Arrêté local. — Mesures relatives aux opérations cadastrales supplémentaires et aux mutations pour l'année 1862. Nomination de la Commission. .	335
Id. — 4 Id.	Arrêté local.— Rétribution pour la confection des ordonnances de dégrèvements, sur états de perception.	337
Id. — 6 Id.	Arrêté local. — Convocation du Conseil général en session extraordinaire, pour le 13 juin 1862.	338
Id. — 7 Id.	Arrêté local. — Nomination d'une commission des morues à Saint-Denis.	338
Id. — 10 Id.	Circulaire ministérielle.—Transmission des fonds de masse des disciplinaires condamnés aux travaux publics.	394
Id. — 11 Id.	Circulaire ministérielle. — Com-	

DATES.	NATURE ET ANALYSE DES ACTES.	PAGE.
	munication concernant les primes de rengagement et la prestation à verser pour l'exonération.	395
1862. — 11 juin.	Arrêté local. — Nomination de M. Jules Moreau à l'emploi de préposé-surveillant des guildives.	339
Id. — 12 Id.	Circulaire ministérielle. — Communication concernant les courtiers agents de change, courtiers maritimes, etc., aux colonies.	657
Id. — 12 Id.	Arrêté local. — Prime accordée aux détachements communaux pour l'arrestation des condamnés en état de désertion. . . .	341
Id. — 12 Id.	Arrêté local. — Dispositions réglant la position des immigrants Indiens et autres arrivant dans la Colonie, comme passagers libres d'engagements	350
Id. — 12 Id.	Arrêté local. — Promulgation du règlement de la Cour impériale qui fixe les jours et heures des audiences de la justice de paix de Saint-Pierre. . .	353
	Le règlement précité du 10 juin 1862.	353
Id. — 12 Id.	Arrêté local. — Mercuriale des denrées et productions coloniales d'après laquelle la douane percevra les droits de sortie pendant le mois de juin 1862.	360
Id. — 12 Id.	Arrêté local. — Mercuriale des marchandises étrangères d'après laquelle la douane percevra les droits d'entrée pendant	

DATES.	NATURE ET ANALYSE DES ACTES.	PAGE.
1862 — 1er juillet.	Arrêté local. — Dispositions sanitaires préventives contre les provenances de Madagascar. Mesures à prendre pour le débarquement des animaux. . . .	418
Id. — 2 Id.	Circulaire ministérielle. — Dispositions concernant les états de situation des officiers d'état-major et employés militaires d'infanterie et d'artillerie de la marine.	475
Id. — 2 Id.	Décret impérial. — Application aux colonies de la Martinique, de la Guadeloupe, de la Réunion, de la Guyane et de l'Inde, de la loi du 2 mai 1855, qui modifie celle du 25 mai 1838 sur les justices de paix.	466
	La loi précitée du 2 mai 1855. .	467
Id. — 2 Id.	Décret impérial. — Application aux colonies de la loi du 2 juin 1862, concernant les délais de pourvois devant la Cour de Cassation en matière civile. . . .	469
	La loi précitée du 2 juin 1862.	470
Id. — 4 Id.	Arrêté local. — L'indemnité de fonctions attribuée à M. l'archiviste colonial, est portée de 4,000 à 5,500 francs.........	420
Id. — 8 Id.	Circulaire ministérielle. — Instructions au sujet des demandes de matériel pour les bâtiments en cours de campagne des stations navales et magasins de prévoyance..........	658
Id. — 8 Id.	Arrêté local. — Interdiction pendant 5 ans de la chasse aux oiseaux et fixation de la durée annuelle de la chasse au gros	

DATES.	NATURE ET ANALYSE DES ACTES.	PAGE.
	gibier....................	620
1862. — 8 juillet	Arrêté local. — Acceptation de la démission de M. Wislez, maire à Saint-Paul..........	421
Id. — 8 Id.	Arrêté local. — Nomination de M. Lemazurier, lieutenant de vaisseau, aux fonctions de commissaire du gouvernement près la commune de Saint-Paul....	422
Id. — 8 Id.	Arrêté local. — Indemnité de frais de service au chirurgien de la marine chargé de donner ses soins à la compagnie indigène des ouvriers du génie et aux malades de Saint-François	420
Id. — 9 Id.	Arrêté local. — L'indemnité de déplacement est allouée à la brigade de gendarmerie en résidence à Hell-Bourg (Salazie).	424
Id. — 12 Id.	Arrêté local. — Dispositions concernant l'installation de la sœur chargée de diriger l'école des filles de Salazie..........	424
Id. — 19 Id.	Arrêté local. Fixation des heures d'ouverture des bureaux de la douane dans la Colonie....	425
Id. — 21 Id.	Dépêche ministérielle. — Instruction concernant la promulgation et la publication des lois, décrets, ordonnances, arrêtés, etc................	478
Id. — 22 Id.	Arrêté local. — Promulgation de trois décrets sur le service de l'inscription maritime.....	399
	Les trois décrets précités des 25 juin et 30 septembre 1860 précédés d'un rapport à l'Empereur.....................	401 405 409

DATES.	NATURE ET ANALYSE DES ACTES.	PAGE.
1862. — 23 juillet.	Dépêche ministérielle. — Le trésorier-payeur dans les colonies a droit à la rétribution de 15 centimes par 100 francs sur les sommes provenant des liquidations de sauvetage des navires naufragés..........	480
Id. — 26 Id.	Dépêche ministérielle. — Communication concernant les correspondances que se livrent en transit les bureaux de poste de Maurice et de la Réunion.....	481
Id. — 28 Id.	Arrêté local. — Mercuriale des denrées et productions coloniales d'après laquelle la douane percevra les droits de sortie pendant le mois d'août 1862	499
Id. — 28 Id.	Arrêté local. — Mercuriale des marchandises étrangères d'après laquelle la douane percevra les droits d'entrée pendant le mois d'août 1862..........	500
Id. — 28 Id.	Arrêté local. — Promulgation du décret du 7 juin 1862, ouvrant le recours en cassation contre les arrêts rendus à la Réunion par les cours d'assises et la cour impériale jugeant correctionnellement.........	382
	Le décret précité du 7 juin 1862	383
	Ordonnance royale (extrait de l') faisant suite au décret du 7 juin 1862..................	384
Id. — 28 Id.	Arrêté local. — Une concession de prise d'eau dans la ravine à Verdure (commune de Saint-Denis) est accordée aux sieurs Maureau et Mazérieux.	426
Id. — 29 Id.	Arrêté local. — Autorisation	

ACTES.	NATURE ET ANALYSE DES ACTES.	PAGE.
	à la Réunion.	472
	Le décret précité du 4 juin 1862.	473
1862. — 11 août.	Dépêche ministérielle. — Transmission d'un mémoire relatif à l'introduction de laboureurs et à l'usage de la charrue à la Réunion.	517
Id. — 12 Id.	Arrêté local. — Concession est faite à divers de la propriété définitive de plusieurs parcelles de terrain à Cilaos.	488
Id. — 14 Id.	Arrêté local. — Un permis d'établir sur une portion des pas géométriques de la commune de Saint-Joseph est accordé au sieur Hélie Hoareau.	490
Id. — 19 Id.	Circulaire ministérielle. — Utilité de placer des paratonnerres à bord des navires du commerce.	665
Id. — 19 Id.	Arrêté local. — Autorisation d'un prélèvement temporaire de 200,000 francs sur les fonds de la caisse de réserve.	490
Id. — 19 Id.	Arrêté local. — Il est accordé au sieur Anaclet Leclerc, propriétaire à Saint-Benoit, la concession d'une prise d'eau de 2,000 litres à la seconde dans la rivière des Marsouins.	497
Id. — 19 Id.	Arrêté local. — Dispositions concernant le contrat et les statuts de la société du crédit agricole à la Réunion.	492
	Contrat passé par l'administration locale avec la société du crédit agricole.	494

DATES.	NATURE ET ANALYSE DES ACTES.	PAGE.
1862. — 19 août.	Arrêté local. — Nomination d'un commissaire du gouvernement près le Conseil d'administration de la société du crédit agricole.	496
Id. — 26 Id.	Ordre local. — Avis est donné aux divers corps de troupes de la garnision, de la réouverture de la convalescence de Saint-François avec indication des formalités à remplir pour y être admis.	497
Id. — 26 Id.	Dépêche ministérielle. — Approbation d'une décision par laquelle le commandant supérieur de Mayotte et dépendances rejette la demande formée par le capitaine d'infanterie de marine X... en vue de cumuler l'indemnité de logement avec le logement en nature dans les bâtiments militaires. .	617
Id. — 29 Id.	Arrêté local. — Promulgation de 4 décrets portant application aux colonies de diverses lois métropolitaines.	462
Id. — 29 Id.	Arrêté local. — Promulgation d'un décret du 2 juillet 1862, qui pourvoit à divers emplois dans la magistrature de la Réunion.	476
	Décret précité du 2 juillet 1862.	477
Id. — 1er septembre.	Arrêté local. — Surveillance attribuée à la douane en ce qui concerne le débarquement des animaux venant de l'extérieur destinés à la consommation alimentaire.	519
Id. — 1er Id.	Arrêté local. — Il est payé à M. Guillermin, à titre de solde de	

DATES.	NATURE ET ANALYSE DES ACTES.	PAGE.
	traversée, ou d'Europe, une indemnité calculée sur 1,750 francs par an.	518
1862. — 1er septembre.	Arrêté local. — Nouvelle fixation du prix de cession par l'administration locale, des contrats d'engagement des immigrants Indiens.	520
Id. — 1er Id.	Arrêté local. — Une indemnité de 1,200 francs par an est allouée au directeur de l'hôpital colonial à titre de frais de logement, à dater du 1er avril 1862.	518
Id. — 1er Id.	Arrêté local. — Mercuriale des denrées et productions coloniales d'après laquelle la douane percevra les droits de sortie pendant le mois de septembre 1862.	536
Id. — 1er Id.	Arrêté local. — Mercuriale des marchandises étrangères d'après laquelle la douane percevra les droits d'entrée pendant le mois de septembre 1862. .	537
Id. — 1er Id.	Dépêche ministérielle. — Avis est donné de l'envoi à la Réunion d'un télescope destiné au capitaine Margain, en récompense de sa belle conduite lors du naufrage du navire l'*Eglé*..	561
Id. — 3 Id.	Arrêté local. — Il est accordé à la commune de Saint-Leu un permis d'établir sur une portion des pas géométriques de cette localité.	521
Id. — 6 Id.	Circulaire ministérielle. — Instructions concernant les effets d'habillement, d'équipement et de harnachement fournis à la	

DATES.	NATURE ET ANALYSE DES ACTES.	PAGE.
	mai 1861, faisant application aux colonies des décrets des 30 avril 1852, 7 avril 1855 et 19 février 1859, concernant la démonétisation des pièces d'or et d'argent.	553
	Décrets précités du 22 mai 1861.	554 556
	Décrets des 30 avril 1852, 7 avril 1855 et 19 février 1859. .	555 557
1862. — 11 octobre.	Circulaire ministérielle. — Recommandation au sujet du remboursement du montant des cessions faites par l'artillerie à des services étrangers. . . .	618
Id. — 17 Id.	Arrêté local. — Convocation du Conseil général en session ordinaire pour le 27 octobre 1862.	571
Id. — 17 Id.	Arrêté local. — Instruction concernant les opérations d'immigration indienne.	568
Id. — 18 Id.	Arrêté local. — Nouvelle autorisation accordée à M. A. de Laserve concernant la jouissance simultanée de 3 concessions de prises d'eau dans la Rivière du Mât.	571
Id. — 18 Id.	Arrêté local. — Nouveau tarif pour frais de poursuites en matière de contributions directes. L'ancien tarif du 16 juin 1860 abrogé.	623
Id. — 18 Id.	Arrêté local. — Le personnel spécial forestier est placé sous la direction du chef de service de la police générale.	594
Id. — 18 Id.	Arrêté local. — Un brevet d'imprimeur typographe est accor-	

DATES.	NATURE ET ANALYSE DES ACTES.	PAGE.
1862. — 3 décembre.	Arrêté local. — Mercuriale des marchandises étrangères d'après laquelle la douane percevra les droits d'entrée pendant le mois de décembre 1862. . .	791
Id. — 4 Id.	Arrêté local. — Promulgation d'un décret impérial du 2 septembre 1862 sur la contrainte par corps.	681
	Le décret précité du 2 septembre 1862.	682
Id. — 4 Id.	Arrêté local. — Nomination d'une commission pour visiter les magasins de pharmacie et en vérifier les drogues et médicaments.	680
Id. — 4 Id.	Arrêté local. — Une société de secours mutuels est autorisée à se fonder à Saint-Pierre. . . .	679
Id. — 4 Id.	Arrêté local. — Promulgation d'un décret impérial du 2 septembre 1862, sur la séparation de corps.	681
	Décret précité du 2 septembre 1862.	683
Id. — 5 Id.	Décision locale. — Une ration de rhum pour acidulage doit être délivrée aux troupes pendant l'hivernage.	801
Id. — 8 Id.	Ordre local. — Dispositions à prendre par les navires du commerce sur les rades de la Colonie à l'occasion de l'hivernage.	685
Id. — 8 Id.	Arrêté local. — Règles à suivre pour le paiement des frais de professorat des petits séminaires et d'autres dépenses d'administration diocésaine. .	687

DATES.	NATURE ET ANALYSE DES ACTES.	PAGE.
	additionnels au principal de ses contributions sur 1863.	744
1862. — 15 décembre.	Arrêté local. — La commune de Sainte-Suzanne est autorisée à mettre en recouvrement des centimes additionnels au principal de ses contributions sur 1863....................	745
Id. — 15 Id.	Arrêté local. — La commune de Sainte-Rose est autorisée à mettre en recouvrement des centimes additionnels au principal de ses contributions sur 1863.	746
Id. — 15 Id.	Arrêté local. — La commune de Saint-Joseph est autorisée à mettre en recouvrement des centimes additionnels au principal de ses contributions sur 1863....................	748
Id. — 15 Id.	Arrêté local. — La commune de Saint-Leu est autorisée à mettre en recouvrement des centimes additionnels au principal de ses contributions sur 1863.	749
Id. — 15 Id.	Arrêté local. — La commune de Saint-Louis est autorisée à mettre en recouvrement des centimes additionnels au principal de ses contributions sur 1863.	756
Id. — 15 Id.	Arrêté local. — Le district de la Plaine des Palmistes est autorisé à mettre en recouvrement des centimes additionnels sur les licences de débit de rhum sur 1863..................	736
Id. — 15 Id.	Arrêté local. — Le sieur Marius Fille est subrogé aux droits du sieur Adolphe Launé pour le permis d'établir sur les pas géométriques de la commune	

Fin.

1862

[Bulletin officiel de l'Ile de la Réunion]
Table alphabétique des nominations mutations et promotions du bulletin officiel de la Réunion pour l'année 1862.
- [S. l. : s. n., 1862].
- 854 p.

www.ingramcontent.com/pod-product-compliance
Ingram Content Group UK Ltd.
Pitfield, Milton Keynes, MK11 3LW, UK
UKHW022059260726
13993UKWH00001B/219